ÉTATS GÉNÉRAUX DE 1576.

Extrait du *Bulletin de la Société des Sciences de l'Yonne*
du 2me semestre 1876.

ÉTATS GÉNÉRAUX DE 1576

RECHERCHES

SUR L'ASSEMBLÉE

DES

HABITANTS DE TONNERRE

PAR

G. JOLIVOT

ANCIEN MAIRE DE TONNERRE

AUXERRE

IMPRIMERIE DE GUSTAVE PERRIQUET

1876

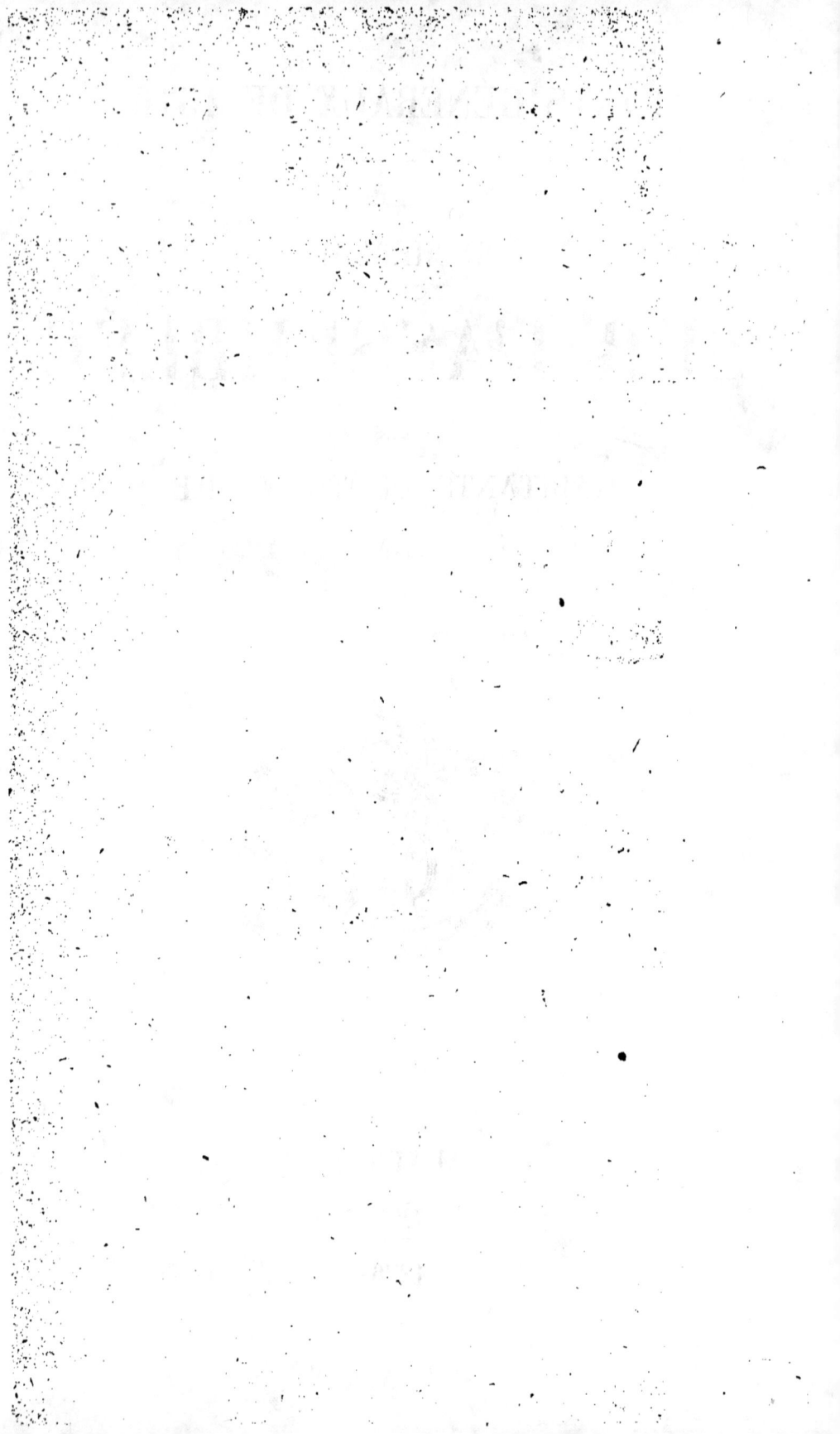

ÉTATS-GÉNÉRAUX DE 1576

RECHERCHES

SUR

L'ASSEMBLÉE DES HABITANTS DE TONNERRE

Les recherches entreprises par le Comité des travaux historiques sur les assemblées des baillages qui ont précédé les élections des députés aux Etats-Généraux, nous ont amené à explorer les archives de la ville de Tonnerre. Les procès-verbaux de ces assemblées ne s'y trouvent point. Ils ont dû être, en effet, conservés au greffe du baillage. Un seul est tombé sous nos yeux, celui du 21 septembre 1576, qui a été transcrit dans le précieux *Chartulaire* en deux volumes que possède la bibliothèque de la ville et que nous devons aux soins du bailly P. Pithou.

En transcrivant ce document, nous avons cherché à en saisir le sens exact et la portée. A cet effet, il devenait nécessaire de rassembler les monuments épars de l'histoire locale, sur l'époque et l'état de choses auxquels ils se rattachent. Les publications des membres de la Société des

sciences historiques et naturelles de l'Yonne, particulièrement celles de MM. Quantin et Challe, nous ont été d'un
tel secours, qu'à peine notre travail entrepris, nous son-
gions à en faire hommage à cette docte Compagnie, qui a
l'honneur de conserver dans notre département le culte
des études sérieuses.

Le texte du procès-verbal de l'Assemblée est la pièce
capitale que nous lui soumettons. Nous le faisons suivre
d'une notice sommaire sur chacun des établissements ou
corporations nominativement représentés et de quatre
pièces inédites, qui nous semblent en être le meilleur com-
mentaire. La *transaction* entre les habitants et le chapitre
de Saint-Pierre et la *déclaration des revenus du comté*
fournissent de curieux renseignements historiques.

Nous nous garderons bien d'entreprendre, après tant
d'autres, de retracer l'état général de la France en 1576.
Mais nous ne saurions nous dispenser de rappeler brièvê-
ment les circonstances locales à la suite desquelles a été
convoquée l'assemblée chargée d'élire deux députés, et de
rédiger les doléances dont ils devaient se faire les inter-
prètes.

Vingt ans seulement s'étaient écoulés depuis le fameux
incendie qui avait réduit la ville en cendres (1556), et dont
Petitjean nous retrace le tableau. Il n'y avait encore
que quatre ans que Jacques de Crussol d'Acier et d'Am-
bres, frère et cousin du comte de Tonnerre, étaient venus
se réfugier ici pour échapper au massacre de la Saint-
Barthélemy, amenant très vraisemblablement avec eux
l'avocat troyen Pierre Pithou, que son abjuration récente
n'a pas mis à l'abri de la haine des fanatiques et qui avait

dû se trouver en relations à Paris avec le duc et la duchesse d'Uzès. Investi de la charge de bailly du comté de Tonnerre, il se signalait par son application aux intérêts publics, son esprit de tolérance, la netteté de ses vues, la précision de ses décisions, non moins que par l'étendue de son savoir et le caractère éminemment patriotique de ses actes. On peut dire qu'il a consacré sa magistrature à acclimater dans le comté les doctrines du feu chancelier Lhospital. Il y avait été précédé par l'arrêt du Conseil du mois de mars 1563, supprimant les divers degrés de juridiction pour les réduire à un seul ; mais il défendit avec énergie ses prérogatives contre les empiètements du baillage royal de Sens.

En dehors du soin qu'il a pris de nous en conserver le texte dans le recueil préparé par ses soins, les doléances de l'assemblée des habitants tenue sous sa présidence portent le sceau manifeste de son style et de son influence heureuse. Leur rédaction claire, simple et précise, leur ton exempt de toute déclamation passionnée, leur affectation même à se renfermer dans la demande d'exécution des édits antérieurs ; enfin, jusqu'à la prudente modestie de leur abstention en matière politique, ne nous laissent aucun doute sur la part qu'à dû prendre le bailly à leur exposé. Il n'est pas sans intérêt de le comparer à celui des doléances du bailliage de Saint-Florentin, qu'a publié M. Salomon dans le bulletin de la Société, t. XVIII, p. 476.

Ainsi que l'a constaté M. Challe dans son *Histoire des guerres du Calvinisme et de la Ligue*, la religion réformée ne paraît pas s'être établie à Tonnerre de façon à y occasionner des troubles intérieurs, malgré le voisinage de ses citadelles de Tanlay et de Noyers. Mais si les Tonnerrois ne se sont point jetés dans la mêlée, ils n'en ont pas moins ressenti les contre-coups de la lutte entre les ligueurs et les huguenots. Nous savons, en effet, qu'en 1522, les gens de guerre s'efforcèrent de forcer et incendier la ville et qu'il fut enjoint par le roi au bailly de Sens, en 1531, de remettre en possession de leurs biens les religieux de l'hôpital *expulsés* pendant les guerres. En 1563, la ville de Tonnerre eut à payer cent onze livres dix sous (soit 12 à 15,000 fr.) aux gens d'armes appelés de Sens pour y réprimer des troubles. En 1567, les reîtres de Jean Casimir dévastent tout le pays, et les troupes du prince de Condé, venant à leur rencontre, exigent une rançon de 2,500 livres, que *l'Art de vérifier les Dates* évalue à 7,847 l. 17 s. 9 d., pour s'abstenir du pillage. L'année suivante, il fallut encore payer une somme importante pour la réunion du matériel de l'artillerie et des approvisionnements de l'armée royale sous le commandement du maréchal de Cossé, que le prévôt des maréchaux de Sens avait opérée dans cette ville et *à ses frais*, en vue du siége de Noyers. En 1572, au mois d'octobre, le duc de Guise étant alors gouverneur de la Champagne, le duc d'Uzès, comte de Tonnerre, pour protéger ses parents, amis et vassaux et maintenir sa capitale dans l'obéissance au roi, mit sa compagnie (de cinquante hommes d'armes) en garnison à Tonnerre. Les échevins représentèrent que cette charge était trop forte et obtinrent qu'elle fût répartie sur toutes les paroisses de l'élection, et que Junay, Saint-Vinnemer, Melisey et Commissey contribuassent à la fourniture du foin, paille et avoine pour les chevaux restant à Tonnerre. Plusieurs paroisses, celle de Ravières entr'autres, résistèrent. Il fallut faire venir d'Auxerre le prévôt des maréchaux pour mettre ordre à leur rébellion. Puis la compagnie fut licenciée et le pays délivré pour un instant des gens de guerre. Déjà, en 1567, Mandelot ayant été nommé gouverneur de Tonnerre, la ville avait eu à pourvoir à son logement et à celui de ses troupes qui s'y livrèrent à divers excès, à raison desquels un procès fut intenté au nom et aux frais des habitants.

D'autre part, il avait fallu réparer les murailles et fossés et se pourvoir de quelques pièces d'artillerie, pour se mettre tout au moins à l'abri des pillards et des partis peu nombreux. L'incendie de 1556 avait singulièrement aggravé la ruine des fortifications. Aussi voyons-nous l'article des réparations figurer au compte des dépenses municipales pendant toute la seconde moitié du XVIᵉ siècle. Les archives ne mentionnent pas moins de douze lettres d'impôts pour cet objet de 1559 à 1576. On appelait ainsi les lettres-patentes autorisant la levée des contributions, qui étaient exigées conformément à la demande qu'en avaient faite les Etats-Généraux, en vue de prévenir les abus de pouvoir de la part des seigneurs et des gouverneurs de provinces. Celles de 1559 avaient accordé aux habitants le dixième de la perception de l'octroi, et celles de 1565, 32 deniers par minot de sel vendu au grenier de Tonnerre. Pour les obtenir, il fallait payer des droits de sceau onéreux, qui furent notamment de 70 livres pour la taille, de 1350 livres 15 sols 10 deniers, autorisée le 31ᵉ juillet 1569. La ville avait dû contracter d'urgence divers emprunts à des intérêts fort élevés, puisqu'elle dut notamment payer 6,000 livres, outre des cadeaux en vin, gibier et poisson à M. de Cénamy, écuyer du duc d'Uzès, qui lui en avait avancé 5,000 le 6 février 1568. De là des tailles extraordinaires, dont le poids aggravait singulièrement celui de la taille royale ordinaire, qui se payait par feu, mais dont étaient exempts les nobles, les gens d'église et le bailly. Tous les officiers de justice parvenaient à s'y soustraire à leur tour, ce qui suscite des plaintes unanimes. Les habitants de la banlieue rurale, complétement ruinés, en avaient été dispensés exceptionnellement. La situation financière de la ville était donc des plus tendues.

Mais, en outre, la disette avait sévi à plusieurs reprises. Elle avait motivé, en 1569, la réduction des pensions et gages payés par l'hôpital. En 1572, le bichet de blé, payé communément 3 livres, monte de 4 l. 10 s. à 6 l.; l'orge monte de 24 à 75 sols, et l'avoine de 10 à 50 sols; le muid de vin, valant ordinairement 24 livres, monte de 30 à 42 livres. Les boulangers cessent de cuire miche et de fournir la ville de pain bourgeois. (Pithou).

A la disette vint, en 1562, 69 et 70, s'ajouter la peste.

Enfin, à tous ces fléaux s'était jointe une autre cause de ruine pour le pays, nous voulons parler de la manie des procès. Tout y était matière, et les actes de procédure qui sont arrivés jusqu'à nous nous permettent de reconnaître combien portaient juste les immortelles satires de Rabelais contre les chicanous et les chats-fourrés. A Tonnerre, en particulier, le comte, les abbayes, les chapitres, les curés, les hôpitaux, les habitants, tous plaident les uns contre les autres, et ce n'est qu'après avoir dépensé des sommes considérables en frais de justice, qu'ils finissent parfois par où ils auraient dû commencer : par transiger. La multiplicité des juridictions et des compétences, la perte des titres et les usurpations occasionnées par les troubles, l'oubli des motifs d'anciennes concessions qui

n'étaient plus en harmonie avec les mœurs ni les besoins
de l'époque, fournissaient d'innombrables prétextes, dont
s'empressait de profiter la tourbe judiciaire qui pullulait
alors et tenait la tête de la bourgeoisie. La vénalité et la
multiplication des offices depuis François Ier ne pouvaient
qu'augmenter sa cupidité. Aussi ce dernier point excite-il
d'universelles doléances. A Tonnerre, on voyait deux
juridictions royales : l'élection et le grenier à sel, outre le
baillage, la gruerie, la prévôté du comte, les justices de
Saint-Michel et de l'hôpital, avec leurs annexes, telles que
garde du sceau, greffes, notariat ; enfin les avocats, les
procureurs et les sergents. Le bailly, ses deux lieutenants,
les deux procureurs fiscaux et son greffier occupaient le
premier rang parmi la justice ordinaire, devant laquelle
plaidaient douze avocats et treize procureurs. Il est vrai
que beaucoup, parmi ceux-ci, cumulaient des charges soit
royales, soit seigneuriales. Les échevins et les juges des
seigneurs vassaux se recrutaient, la plupart du temps,
parmi eux, et souvent ils géraient les affaires de la noblesse et des monastères. Les familles étaient d'ailleurs
nombreuses en général, et celles des officiers de justice
s'arrangeaient pour avoir un pied partout. Ce sont les
seules qui soient parvenues à s'enrichir à l'époque dont
nous parlons. Elles possédaient le savoir et l'intelligence,
mais tendaient bien plus à prendre place parmi les classes
privilégiées qu'à pratiquer vis-à-vis des laboureurs et des
artisans, les maximes qu'elles professaient à l'égard de la
noblesse, dans les rangs de laquelle elles se faufilaient
cependant peu à peu.

La noblesse, ruinée par les guerres, n'avait guère de
représentants considérables dans le comté que les Cler-

mont et d'Andelot. Les principaux gentilshommes, comme les abbés des monastères, n'habitaient pas ordinairement la contrée, dont ils exportaient le numéraire à l'envi.

Les abbayes et prieurés étaient presque tous en commende et, à la suite des troubles, un grand nombre de bénéficiers et d'autres ecclésiastiques se dispensaient de résider où les appelaient leurs fonctions. Ils percevaient néanmoins tous les revenus attachés à leur titre, et ne laissaient aux officiants que les charges sans compensation.

La terre se louait à raison de quatre bichets de froment par arpent, et la vigne, de 3 sous par ouvrée.

Les campagnes avaient été saccagées à diverses reprises par les gens de guerre de tous les partis et se trouvaient aussi mal protégées par leurs seigneurs que par la maréchaussée royale, qui, au dire de tous, ne les traversait qu'en allant toucher ses gages. Le siége de celle-ci était d'ailleurs fort éloigné de Tonnerre. Les impôts et redevances de toute espèce pesaient lourdement sur les cultivateurs, qui manquaient de capitaux et de bétail.

Le commerce, avec sa vitalité singulière, renaissait au milieu des ruines et n'attendait, pour se développer, que la sécurité et des voies de communications. La classe des marchands était certainement la plus éloignée des dissensions religieuses. Elle n'avait pas, du reste, conscience des inconvénients de la réglementation à outrance que l'opinion générale lui imposait, et dont nous trouvons ici des monuments en ce qui touche les bouchers en 1458, les tailleurs et drapiers en 1469, les serruriers en 1551, les menuisiers en 1508, les boulangers en 1540 et 1574, les cordonniers et les tonneliers en 1564, les barbiers et chirurgiens en 1572, les pâtissiers en 1573. Les foires devaient être très fréquentées par les populations des environs, dans un rayon assez étendu. Tel était sommairement l'état des choses dans le Tonnerrois lors de la convocation des Etats-Généraux pour le mois de novembre 1576.

Beaucoup d'historiens ont déjà signalé les manœuvres employées par la cour pour éviter que les huguenots ne pussent profiter de cette convocation. On attribue notamment au duc de Guise, alors gouverneur de la Champagne, ou tout au moins à son influence, l'expédition tardive et l'irrégularité des lettres de convocation. Nous savions que par suite un grand nombre de députés n'étaient pas arrivés à Blois au jour fixé pour l'ouverture de la session. Nous avions déjà vu, à Saint-Florentin, l'assemblée préparatoire ne pouvant se constituer, avec peine, qu'après trois convocations, et les sergents du bailly de Troyes convoquant directement quelques paroisses. Le procès-verbal de Pithou nous apprend que les commissions du bailly de Sens ont été expédiées dans le Tonnerrois par une voie aussi insolite qu'onéreuse et tardive, qui a eu pour effet d'écarter de l'assemblée électorale tous autres que les habitants de la ville. Probablement la défiance du bailly et des seigneurs, qui n'étaient pas favorables à la ligue, aura été pour beaucoup dans le mode de procéder qui soulève les énergiques protestations des procureurs du comte et des habitants, mais la cupidité des sergents royaux a bien pu y être pour quelque chose.

Toujours est-il que le résultat ne dut pas répondre entièrement aux vues du parti des Guise. Des trois ordres appelés à formuler leurs doléances et à élire leurs députés, deux seulement furent réellement représentés à l'assemblée de Tonnerre : le clergé et le Tiers-Etat, encore les membres du premier appartiennent-ils personnellement aux rangs du Tiers-Etat et doivent-ils dès lors s'associer aussi naturellement à ses aspirations et à ses intérêts qu'aux tendances de leurs commettants, dont ils n'avaient pas le temps de recevoir les instructions. Tels sont les délégués de l'abbaye de Saint-Michel, du maître de l'hôpital et du prieur de Saint-Aignan. Les autres abbés et prieurs, tels que ceux de Molosmes, Quincy, Pontigny, Dyé, etc., ne sont pas même représentés.

Aucun gentilhomme possesseur de fief ne figure dans l'assemblée, à part les officiers du comte de Tonnerre, qui seuls auraient pu défendre les prérogatives de la noblesse, si elles eussent été mises en question, mais qui n'avaient pu recevoir de mandat spécial pour en exprimer les vœux. Le comte lui-même, duc d'Uzès, qui aurait siégé aux Etats comme pair de France, venait de mourir. Enfin, le grenetier est le *seul* officier royal de justice ou de finance dont la présence soit constatée.

Au contraire, le Tiers-Etat n'eût sans doute pas trouvé, en dehors de la ville, beaucoup de représentants plus autorisés que ceux qui y résidaient et qui constituent l'immense majorité des membres de la réunion.

C'est ce qu'il ne faut pas perdre de vue dans l'examen du cahier des doléances improvisé dans cette assemblée, qui, ainsi que le font remarquer Pithou et Soupplette, ne pouvait, par suite du mode de convocation adopté, représenter que fort incomplétement la population et les intérêts du ressort.

Telles qu'elles sont toutefois, les remontrances de cette

assemblée n'en ont pas moins un remarquable caractère de précision et de concordance avec celles de la majorité des députés du Tiers aux Etats-Généraux d'Orléans et de Blois.

L'ordonnance rédigée par le chancelier Lhospital à Orléans n'avait point reçu d'exécution. C'est là le thème principal des regrets et des vœux.

Les abus d'autorité des commissaires et receveurs du clergé, qui chargeaient de décimes les hôpitaux, nonobstant l'exemption dont jouissaient ces établissements de bienfaisance, donnent lieu à des plaintes fondées. L'hôpital Notre-Dame des Fontenilles était parvenu à s'y soustraire par de longues et coûteuses instances (1408-1568). Mais la maladrerie, l'hôtel-Dieu, le Saint-Esprit ni Saint-Antoine n'étaient en mesure de suivre la même voie, bien que probablement non moins fondés à réclamer.

Enfin, il faut noter la prudente réserve dans laquelle se renferme l'assemblée au sujet des motifs qui portaient le Roi à convoquer les Etats-Généraux. Elle est sans doute bien éloignée des manifestes retentissants qui paraissent aujourd'hui inséparables de toute opération électorale, mais c'était peut-être autre chose encore qu'un aveu modeste d'incompétence, au sujet du problème politique qu'imposait l'état des affaires publiques. Nous estimons qu'il y faut voir tout à la fois un moyen d'éviter, au sein de l'assemblée, une interminable discussion qui n'eût pas manqué d'enflammer les esprits et les consciences sans aboutir à un résultat pratique, de maintenir ainsi l'accord unanime constaté par le procès-verbal d'où les actes de l'assemblée tiraient plus de poids, et surtout enfin un moyen offert aux députés de refuser tout vote de subsides extraordinaires, en alléguant l'insuffisance de leurs pouvoirs à cet égard.

Procès-verbal de l'assemblée des habitants de Tonnerre, tenue le 25 septembre 1576 (1).

L'an mil cinq cens soixante et seize, le vendredy vingt ungnesme de septembre, jour de feste sainct Mathieu apostre, heure de dix heures du matin, devant nous Pierre Pithou, licencié es droictz, seigneur de Săvoye et des fiefz de Chantalous et bailly du comté de Tonnerre, furent présentez par Humbert Perrin, sergent royal au bailliage de Sens, les lettres patentes du Roy pour l'assemblée générale des estatz de son royaulme en la ville de Bloys, au quinziesme jour de novembre prochainement venant, enfin desquelles est une commission imprimée de monsieur le bailly de Sens en date du vingtiesme jour du moys d'aoust mil cinq cens soixante et seize, signée Séjournant, adressant au sieur, curé, juge, maieur (2), eschevins (3), et marguil

---

(1) Le texte, signé du greffier Petitjehan, se trouve au chartulaire du comté de Tonnerre dressé par Pithou et conservé à la bibliothèque de Tonnerre, t. I, f° 270.

(2) Ce n'est qu'en 1592 que la comtesse Louise de Clermont autorisa les habitants à élire chaque année un maire en même temps que les échevins. (*Chartres et titres des habitants de Tonnerre*, p. 224, *Maires de Tonnerre*, par Le Maistre, p. 5). La charte originale sur parchemin, signée Loïse, est aux archives de la ville.

(3) Le comte Pierre de Courtenay avait autorisé, en 1212, l'élection de quatre bourgeois pour déterminer avec le prévôt l'époque des vendanges. (Suite au Cart. de l'Yonne, 117). Ce fut, selon M. Le Maistre, l'origine des échevins, qui ne furent réellement institués qu'en mars 1262 (Id. 604). A cette époque, le comte Eudes et sa femme, Mathilde III, autorisent, en effet, vingt hommes de la communauté de Tonnerre à élire chaque année, entre la Saint-Jean-Baptiste et la Sainte-Madeleine, six prud'hommes pour voir ce qui est à faire et veiller à la conservation, tant de la liberté de la communauté, que des droits du seigneur. Ces prud'hommes reçurent le nom d'échevins dans la charte par laquelle, en 1389, le comte Louis I,

liers (1) de la ville de Tonnerre, afin de faire crier et publyer lesdictes lettres au-dedans du ressort dudict lieu (2) et assembler et nommer personnes pour eulx trouver le jeudy vingt septiesme jour du présent moys de septembre au palais royal de Sens, avec procurations, mémoires et remonstrances, et payer au pourteur la somme de cinquante solz tournois.

Auquel Perrin avons remonstré qu'il nous seroyt difficile voyre de toute impossibilité d'exécuter ledict mandement avant mesurer s'il convenoyt faire lesdictes publications par tous les lieux de nostre ressort, qui est de grande estendue, et faire les assemblées y mentionnées à la manière accoustumée, l'interpellant nous déclarer si ledit mandement estoit pour tout nostre bailliage, parce qu'il nous auroyt dict en nous présentant lesdictes lettres avoir esté particulièrement par toutes les villes et villages de ce ressort et y avoir faict semblables commissions et receu son salaire de chascun desdictz lieux.

Lequel Perrin nous a dict qu'il ne nous présentoit ledict mandement que pour ceste ville de Tonnerre, parce que luy et Chris-

de Chalon, confirma la précédente et autorisa leur élection, par plus de vingt habitants, sous la présidence du bailly ou de son lieutenant. Il est probable qu'ils administraient déjà de fait la communauté avant cette époque, mais ce n'est qu'en 1395 que nous trouvons un procès-verbal d'assemblée des habitants, convoquée à leur requête. Ensuite, ils poursuivent encore d'autres arrangements avec le comte et ne cessent plus dès-lors d'exercer sans conteste l'administration de la communauté, des bourgeois et habitants.

(1) Les marguilliers, chargés, à la demande des Etats-Généraux, de l'administration temporelle des églises, paraissent surtout à partir de 1531. A Tonnerre, ils ont eu à rééditier les églises incendiées, mais nous ne les voyons pas figurer officiellement à l'assemblée actuelle.

(2) Par une ordonnance de Charles IX, rendue au mois de mars 1563, à la demande du duc d'Uzès, la juridiction des prévôts du comté de Tonnerre avait été unie et incorporée à celle de son bailly, en vue de supprimer un degré de procédure onéreux à ses vassaux. D'autre part, le bailly de Tonnerre réunissait alors dans sa main les attributions des ressorts de la Chapelle-Vielle-Forêt, Argenteuil, Cruzy et Channes. Il connaissait donc

toffe Boutot, aussi sergent royal, auroient porté semblables man-
dements par toutes et chascunes les villes et villages de ce ressort,
et estre particulièrement satisfaicts dudict port par les habitans de
chascuns desdictz lieux, suyvant lesdictes commissions, hormis de
ladicte somme de cinquante solz qui leur a esté taxée pour celle que
nous a présentée, laquelle somme de cinquante solz a esté payée
audict Perrin par maistre Jehan Soupplette, receveur de ladicte
ville, soubz les protestations faictes par ledict Soupplette que ou

1° en première instance, et sauf appel au baillage royal, de toutes les causes
du fief direct ; 2°, en appel, à l'exclusion du baillage de Sens, des sentences
rendues par les juges ou prévôts des vassaux du comte.

Voici, d'après Pithou (*Chart.* I, 219), quelles étaient, en 1574, les dépendances de sa juridiction.

Membres du baillage de Tonnerre.

I. Ressort de la ville de Tonnerre :

Lézinnes, Viraux, Sambourg et la Grange du Plessy, Quincy-le-Vicomte,
Quincerot, Junay, Vezinnes, Fontaine-Géry, Roffey, Dié, Bernol, Cousture-
Millois, Labrosse, Vezannes, Tissey, Viviers. Poilly, Chichée, Sainte-Vertu,
Aigremont, Epineuil, Vaulichères, Forest-Ferrou, Marroles, Cheney, l'Isle,
Le Tronchoy, Coussegrey, Prusy, La Chapelle-lès-Senevoy, Villedieu,
Vertaut, Chamelard, Argentenay.

II. Ressort de La Chapelle, autrement dit la Vieille-Forêt :

La justice, que les prévotez et les religieux, abbé et couvent de Saint-
Michel ont audict lieu séparée et limitée, les prévostez de Marolles, Cari-
sey, Villiers-Vineux, Vergigny, Pontigny et les granges d'alentour, Sainte-
Radegonde, etc., Beugnon, Beauvois.

III. Ressort de la chatellenye et baillage d'Argenteuil : La prévosté et
justice de l'hôpital audict lieu d'Argenteuil, la prévosté de Molains.

Le baillage de Crusy comprenait dans son ressort :

I. La baronie, chatellenie et baillage de Crusy, dont les membres
estoient : Crusy, Ancy-le-Franc, Cusy, Chassignelles, Thorey, Rugny,
Melisey, Villon, Pantou, Rochefort, Asnières, Cry, Parrigny, Aisy, Rougemont, Buffon, Ravières, Nicey, Juilly et les Granges, Gigny, Ancy-le-Ser-
veux, le Coing, Fulvy et Roches, Mareuil, Saint-Vinnemer, Quincy-l'Abbaye, Quincerot de Quincy l'abbaye, Pimelles.

II. La baronie de Chaonnes, comprenant Brageloigne, Baigneux, Beauvoir et Ricey, cette dernière prévôté relevant ses appels à Sens.

ladicte assemblée ne se pourroyt faire et les députez se trouver audict jour vingt septiesme, comme aussi il seroit difficile, voyre impossible pour le trop brief délay, que la faulte ne leur soyt imputée et d'envoyer particulières remonstrances aux estats généraux tant pour ladicte ville que pour les aultres villes et villages dudict ressort qui ont deu estre assemblées en ladicte ville de Tonnerre ainsi qu'il a été faict et observé de tout temps et ancienneté en semblable cas (1), voyre et pour moindres affaires que celle qui se présente ; et que la forme nouvelle tant dudict mandement que de l'exécution d'iceluy ne puisse préjudicier aux droicts de la dicte ville et baillage, soubz lesquelles protestations et remonstrances, sans préjudice d'icelles, attendu l'importance desdictes affaires, avons présentement enjoinct à Berthin Bouldrey, sergent et trompette ordinaire dudict baillage, de publyer à son de trompe et cry public ledict mandement à cejourd'huy yssue des vespres, et encores demain jour de marché, et faire sçavoir à tous manans et habitans de ceste ville de Tonnerre, tant ecclésiastiques que séculiers nobles (2) ou aultres, de quelque état ou condition qu'ils soyent, qu'ils ayent à se trouver dimanche prochain vingt troisième jour du présent moys de septembre, heure de midy, en l'église Nostre Dame dudict Ton-

---

(1) Il est certain que personne n'est venu cette fois de l'extérieur.

Les importantes abbayes de Pontigny, Molosmes, Quincy et Pothières, notamment, ne sont même pas représentées, non plus que la maladrerie de Crusy.

(2) Ainsi qu'on le verra ci-après, l'ordre de la noblesse ne s'est trouvé représenté à cette assemblée que par les mandataires du comte de Tonnerre. Aucun possesseur de fief ne s'est présenté en cette qualité. Toutefois plusieurs des comparants sont qualifiés *messire*. Ce peuvent être des chanoines.

On trouvera à l'appendice ci-après la liste des fiefs du comté dans la *déclaration* de 1573.

Il y a lieu de remarquer que les habitants avaient plaidé contre l'hôpital (1520-1525), qu'aux assemblées pour les affaires de ville n'étaient appelés les gens d'église ni nobles vivant noblement (*Arch. hôp.*). Ce n'était pas le cas ici.

nerre, lieu accoustumé, à faire telles assemblées, pour satisfaire aux dictes lettres patentes du roy et mandement de monsieur le bailly de Sens, et encores à tous ceulx des villes et villages de ce ressort que silz vouloyent apporter ou envoyer par escript ou aultrement quelques plaintes ou remonstrances pour leur soulagement et aux fins desdictes lettres patentes elles seroient reçues.

Ce que ledict Bouldrey nous a rapporté et certifié avoir faict suyvant nostre mandement, et pareillement les curés des églises paroissiales de Saint-Pierre et Nostre Dame dudict Tonnerre avoir faict pareilles publications à leurs prosnes dudict jour de dimanche, suyvant la charge que nous leur en avons baillée.

Auquel jour de dimanche vingt-troisiesme jour dudict moys de septembre, ladicte heure de midi, au son de la cloche ordinaire en telles assemblées, nous estant transportez en ladicte église de Nostre Dame, se sont présentez et comparuz pardevant nous les religieux abbé et couvent de Saint-Michel sur Tonnerre (1) par frères Jehan de Castres, prieur, frère Claude Batheau, aumosnier de ladicte abbaye, les maistre, frères et sœurs de l'hospital (2) dudict Tonnerre, par frère Philippes de Muecey, vicaire et secrétain, et frère Michel Martinot, religieux dudict hospital ; le prieuré de Saint-Aignan de Tonnerre (3) par Me Jehan Girard et Guillaume Grougnet ses chapellains ; les vénérables prevost, chanoynes et chappitre de l'église collégiale sainct Pierre (4) de Tonnerre par Me Claude Laribbe prevost, et encore par lesdicts Me Jehan Girard et Guilleaume Grougnet, Me Louys Villain, Nicole Ymbert, chanoynes de ladite église ; Me Claude Poret, curé

(1) V. la notice sur l'abbaye de Saint-Michel, à l'appendice ci-après, p. 31.
(2) V. la notice sur l'hopital Notre-Dame des Fontenilles, p. 40.
(3) V. la notice sur Saint-Aignan, p. 44.
(4) V. la notice sur l'église et le chapitre de Saint-Pierre, p. 49.

de l'église Saint-Pierre dudict Tonnerre ; Mᵉ Edme Barbette (1), doyen et curé de ladicte église Nostre-Dame (2) et maistre administrateur de l'hostel Dieu (3) dudict Tonnerre, lequel a protesté que l'ordre cy-dessus ne puisse préjudicier à la prérogative qu'il prétend avoir en ceste ville et desdictz de Saint-Michel, hospital et chappitre, au contraire ; frère Claude Bolachin, maistre administrateur de la chappelle du Saint-Esprit (4), Mᵉ Nicole Ymbert, chappellain de la chappelle Sainct-Anthoine (5), et pour haulte et puissante dame Loyse de Clermont, comtesse dudict Tonnerre et Crussol (6), s'est présenté Pierre de la Croix, escuier sʳ de Pimelles (7) et Ch. Pierre de Villedieu, cappitaine audict comté

(1) Nous savons par Petitjehan qu'Edme Barbette avait traduit Grégoire, de Tours, et par Mutinot, qu'il s'était fait représenter en relief sur le piédestal du lutrin, au-dessus duquel il avait fait placer un aigle d'airain. Il eut un long procès avec l'hôpital et un autre avec les habitants, au sujet de l'hôtel-Dieu. C'était néanmoins un homme distingué et jouissant à Tonnerre d'une certaine autorité.

(2) V. la notice sur l'église Notre-Dame, p. 61.

(3) V. la notice sur l'hôtel-Dieu, p. 65.

(4) V. la notice sur l'hôpital Saint-Esprit, p. 69.

(5) V. la notice sur l'hôpital Saint-Antoine, p. 73.

(6) Louise de Clermont, fille de Bernardin de Clermont et de Anne de Husson, avait épousé, en 1538, François du Bellay, prince d'Yvetot, qui mourut en 1553. Elle se remaria en 1556 avec Antoine, comte de Crussol, duc d'Uzès et pair de France en 1565, conseiller du roi en son conseil privé, capitaine de cinquante hommes d'armes, etc., qui, en 1560, avait été envoyé en ambassade près du roi de Navarre, Antoine de Bourbon, pour l'inviter à se rendre aux Etats d'Orléans. Il mourut en 1576.

La comtesse Louise ne paraît pas s'être souciée de prendre parti entre les catholiques et les huguenots. Son esprit de tolérance fut merveilleusement secondé par son bailly, P. Pithou, qui le partageait, ainsi que la majeure partie des habitants de Tonnerre.

(7) Pierre de La Croix est indiqué quelque temps après comme capitaine du chastel. Pithou nous apprend que le scel de son baillage fut délaissé à ce gentilhomme, ainsi que le scel du baillage et le tabellionage de Crusy. En 1585, il donna de cette place d'utiles avis aux échevins de Tonnerre, pour éviter les dommages que les troupes du duc de Mayenne

2

de Tonnerre et discret Mᵉ Jehan Richardot (1) procureur de messire et dame. Sont aussi comparuz honorables hommes, Mᵉˢ Claude Jazu, Jehan Soupplette advocatz, Estienne Girardin, Estienne Garnier, Jehan Dongoys et Estienne Mathieu, eschevins de ladicte ville, Mᵉ Guillaume Levuyt (2) Jehan Colin, Jehan Bouchu, Jehan Droynet, Gabriel Garon, Phallies Ballerey, Jehan Amet, Jehan Gogoys, Jacques Gloton, Jehan Gasticy, Laurent Horry, Erard Garnier, Jehan Richardot (3), Pierre David, Mᵉ Francoys Letort (4), Jehan Chauchefoin, Loys de la Roche, Francoys Mortinot, Jacques Bathon, Prosper Paultier, Nazare Jacob, Jehan Pajot, Anthoine Petitjehan (5), André Jubelin, Jacques Lemaire, Georges Sollyer, Rev Cosguinot, Pierre Jobert, Nicolas Bourgeot, Guillaume Chapperon, Jacques Richardot, Jehan Bertrand, Mᵉ Adrian Boyvinet (6), Mᵉ Symon Andry (7) Mᵉ Jehan Herard Claude Babeille, Symon Levuyt, Jacques Le Maire le jeune (8), Edme Robin, Nazare Chauchefoing (9), Pierre Mirey, Francoys de Lasche, procureur (10), Claude Bazard, Joseph Cabasson, frère Hugues Cabasson, Estienne Bazard, Jehan Parisot, Mᵉ Regnaut Leclerc (11), Estienne Mouton, Estienne Remoyde, Pierre Com-

firent éprouver à ses alentours. Déjà, en 1572, il avait rendu à la ville des services qu'elle reconnut en lui faisant présent de deux feuillettes de vin.

(1) Procureur fiscal au baillage.

(2) Notaire à Tonnerre.

(3) Probablement le jeune, qui était procureur.

(4) Avocat, qui devint recteur des écoles l'année suivante.

(5) Notaire à Tonnerre. Peut-être est-ce celui qui écrivit en 1594 la *Description de l'ancienne et de la nouvelle ville* ?

(6) Procureur.

(7) Procureur. Défendit plus tard la ville pour le Roi contre les ligueurs qu'il chassa de l'église Saint-Pierre.

(8) Sergent du comte.

(9) Ancien receveur de l'hôpital en 1566.

(10) Ne figure pas sur la liste de 1574.

(11) Procureur. C'est sans doute le même qui, devenu notaire royal, fut le premier maire de Tonnerre, en 1592.

bard (1), Jehan Billard, Jehan Rauary, Samuel Bordes, messire
Loys Villain (2), Jehan Bourrellier, Estienne Thomas, M⁰ Fran-
coys Veluot (3), Pierre Colin, Jehan Baillot, messire Anthoine
Piney (2), Claude Cornuot, Jacques Vezien, Jacques Eue, frère
Claude Bolachin, messire Aignain Gloton, Nicolas Colin, Fran-
çoys Guillot, Georges Barrault, Jehan Fameton, Nicolas Michau,
Guenyn Feilley, Didier Vegerot, Anthoine Allard, Jehan Febure,
Jehan Roux, Aignain Connot, Ph. Rosen, Jacques Coussin, Do-
minique Guilleminot, Jacques Queroy, Nicolas Lanier, Samuel
Petit, Phillebert Vauthier, Jehan Fournery l'aisné, Jacques Che-
volat, Claude Grenault, Christophe Duboys, Pierre Michelot,
Jehan Petitjehan, dict fontainier, M⁰ Clément Broth (3) M⁰ Didier
Veluot, grenetier (4), Leger Bailly, Guillaume Cougnot, Denys
Regnard, Didier Crespin, Jean Huot, Phᵉˢ Lasche, Simon Ber-
trand, Aignain Destanier, Edmon Destanier, Estienne Moreau,
Jaspard Parisot, Estienne Barrault, Pierre Parisot, Edme Vouloy,
Jehan Michot, Estienne Barat, Jehan Vouloy, Arnold Marchant,
Estienne Barat, Jacques Guinanet, Jacques Gastier, Estienne
Bavoyttier, Jehan Bouldrey, Jehan Chevolat, Hugues Coppin,
Emon Jacquin, Edme Bourrellier, Jehan Joudrin, Estienne Bou-
loir, Samuel Sicourd, Pasquier Dadol, Nicolas Allyer, Claudin
Trieu, Jehan Mortinat, Samuel Mortinat, Lazarre Largier, Jehan
Huot, Pierre Roye, Didier Nouvellet, Bertin Combart, Jehan
Champaigne, Loys Goulx, Claude Petit, Jehan Faulconnier, Chri-
stophe Gogoys, Jehan Escharnier, Balthazard Mitaine, Nicolas Les-
charmes, F. Regnard et aultres manans et habitans dudict Tonnerre, en présence desquelz avons de rechef faict faire lecture à
haulte et intelligible voix tant desdictes lettres patentes que du
dict mandement.

---

(1) Chirurgien, barbier, apothicaire; a été, à ces titres, employé à l'hôpital.
(2) Chanoine de Saint-Pierre.
(3) Procureur.
(4) Avocat.

Aprez laquelle nous ont les dessus dicts, et notamment lesdicts procureurs de messire et dame par ledict Richardot, ensemble lesdicts eschevins par ledict M° Jehan Soupplette, leur procureur, dict et remonstré que la ville de Tonnerre est principalle du comté, en laquelle est le siége cappital dudict comté, et que au bailly dudit Tonnerre ou son lieutenant en son absence, se sont adressez tout mandemens tant du roy nostre sire que de messeigueurs les gouverneurs, lieutenans et officiers pour estre publiez et envoyez par toutes les villes et villages dudict comté, et si assemblée se doibt faire des habitans desdites villes et villages pour l'exécution desdicts mandemens, elle se fait en ladicte ville comme toujours par cy devant elle a esté faicte, mesmes pour l'accord et rédaction des coustumes générales du baillage de Sens (1), et convocation des estatz précédentz (2), lequel bailly de Tonnerre faict faire la publication et envoy desdits mandemens, convocation et assemblée à peu de frais en toutes les villes et villages dudict comté ; — que au lieu d'envoyer audict bailly de Tonnerre ou son lieutenant les présentz mandementz pour l'assemblée des estaz, pour estre publiez et envoyez es dictes villes et villages du comté, ils ont esté envoyez par des sergentz royaulx de Sens par chascunes desdictes villes et villages, de chascune desquelles villes lesdicts sergentz ont reçu cinquante solz tournois, et lesdictz petitz villages et bourgs, encores que la plupart soyent deux et troys en une paroisse, vingt solz tournois, qui est à la grande foulle du peuple, et se sont lesdicts sergenz arrivez seulement en ceste ville de Tonnerre le vingt ungniesme jour dudict moys, heure de deux heures, pour la signiffication desdicts mandemens aprez avoir tenu toutes les aultres villes et villages dudict comté ; pour le brief temps de laquelle assignation n'ont peu estre assemblez les villes et villages dudict comté,

(1) En 1555.
(2) En 1560.

non pas mesmes lesdictz habitans de Tonnerre (1) pour délibérer
de ce qu'ils ont à remonstrer et en conférer avec les habitans desdictes villes et villages, protestent lesdictz procureurs et habitans
que ce ne leur puisse préjudicier ny aux droictz de ladicte ville
et bailliage et den faire plaintes et doléances quant et à qui il
appartiendra, et si quelque chose est admise par la présente dé-
libération, de l'exposer et remonstrer au roy nostre sire en las-
semblée générale desdictz estatz, — sans préjudice desquelles
protestations, ont lesdictz comparans faict les doléances et
remonstrances qui sen suyvent :

A sçavoir, pour lesdicts ecclésiastiques ensemble, qu'il plaise
au roy, moyenant une bonne réconciliation de ses subjetz, soubz
une mesme religion, à ce qu'il n'y ayt aultre exercice que de la
catolique, apostolique et romaine, et que les festes et féries com-
mandées de l'église soyent inouvrables, gardez et observez, et
le sfoires et marchez eschoent auxdictes festes continuez au lendemain ou aultre (2) ;

Que les décimes soyent redduictes au taux de l'an mil cinq
cent seize et encore diminuées, d'aultant que le revenu ecclésiastique est diminué tant par le moyen des guerres que des aliénations faictes (3) ;

(1) D'après les historiens (V. notamment MM. H. Martin et Picot), il
faudrait attribuer le nouveau mode de convocation, contre lequel s'élève
cette protestation si fondée, non-seulement au désir des baillys royaux,
d'empiéter sur le domaine de ceux des seigneurs et de satisfaire la cupidité
de leurs sergents, mais surtout aux ordres de la Cour, et en particulier
à ceux du duc de Guise, alors gouverneur de la Champagne, dans le but
de favoriser l'élection des partisans de la ligue en ne donnant pas à
ceux des huguenots le temps d'arriver aux assemblées.

(2) Il était difficile de trouver alors plus de modération dans les doléances du clergé. Celle-ci est remarquable par le contraste de sa tolérance
relative avec les excitations de la ligue. Ces vœux prévalurent aux états
de Blois par l'influence du Tiers-Etat, en dépit de la majorité de l'ordre du
clergé.

(V. O. d'Orléans, art. 49, O. de Blois, art. 17 et 18).

(3) Le fait était trop vrai et le vœu trop justifié. (V. *Hist. des Et.-Gén.*, t. II).

Et, en particulier, lesdicts religieux de Saint-Michel, que les priorez despendant de leur abbaye ne soyent conférez que aux religieux d'icelles ou aultres de leur ordre suffisantz et cappables (1), et que les prieurs qui tiennent ou tiendront lesdicts priorez, soyent subjectz de comparoir par chacun an en leur grand chappitre pour rendre compte de leur administration tant en spirituel que temporel, affin que s'il y a aucun abus commis par iceulx il soyt réformée par le grand chappitre selon les statuz de l'ordre ;

Et ledict doyen que faulte de faire par les archidiacres en personnes, les visitations qu'ilz sont tenuz faire, il soyt dict que les doyens ruraux feront chacun en son doyenné lesdictes visitations, et pour leurs peines, fraiz et vaccations, auront et prendront la moitié du droict des archidiacres (2).

S'est encores plainct ledict doyen, que soubz ombre des édictz de l'aliénation des biens ecclésiastiques (3), on a vendu plusieurs taxes et droictz destournez des appartenances de l'Hostel-Dieu uni aux doyens, qui est contre la volunté de nostre saint Père le pape et l'administration du royaume;

(1) Au lieu d'être mis en commende.

(V. O. d'Orléans, art. 38, O. de Blois, art. 31).

Il est fort à croire que les moines de Saint-Michel, tout en ne parlant que des prieurés, visaient surtout la dignité abbatiale qui venait d'être à deux reprises conférée par le pape, contrairement à leurs vœux et à leur règle. (V. la notice ci-après et la bulle d'Innocent IV, suite au *Cart. de l'Yonne*. 508).

(2) Les Etats-Généraux demandaient que le diocèse fût visité par l'Evêque sans frais pour les diocésains.

(V. O. d'Orléans, art. 18.)

(3) Ces aliénations avaient pour but d'avancer des fonds au roi. Elles montèrent pour la France entière à 300,000 livres de rente en 1563, à 150,000 en 1568, à 100,000 en 1574. En outre, les agents d'exécution excédèrent de beaucoup les termes des édits, lesquels n'étaient point applicables aux biens des hôpitaux.

(V. l'appendice et O. d'Orléans, art. 31, 32).

En ladicte qualité de curé de Nostre-Dame, iceluy doyen, ensemble le s. Poret, curé de l'église Saint-Pierre dudict Tonnerre ont fait plainctes et remonstrances qu'ilz sont excessivement chargez de décimes et aultres subsides, encore que le revenu de leurs cures soyt fort petit et consistant seulement en une petite portion des menues offrandes qui se font en leurs églises, parce que aulcuns religieux et autres qui se disent prieurs et curés primitifs, combien qu'ilz ne facent aucuns debvoir ou services aux dictes églises, prennent néanlmoing toutes les grosses et menues dixmes (1), et le surplus desdictes menues oblations, tellement que ne reste du tout rien ausdictz curez et n'ont moyen de desservir leurs églises, n'ayant aultres biens d'ailleurs, — supplient le roy d'ordonner que aucuns abbés, religieux, ou prieurs ne puissent prétendre droict de dixmes, sépulture, espousailles, administration des sacrementz ou aultres droictz sur les paroisses des curez dont ils ne sont patrons ou presentateurs, sinon qu'ilz en ayent bons titres, dont ilz seront tenuz faire exposition pardevant les juges ordinaires des lieux, et en ce cas faire portion congrue aux dictz curez (2) ;

Laquelle plaincte, lesdicts de Saint-Michel, hospital et prieur de Saint-Aignan ont protesté ne leur pouvour préjudicier ; aussy que les chappitres des églises cathédrales ou aultres ne se puisse dire ou porter pour curé ; mais si aucunes cures leur appartiennent, qu'ilz seront tenuz nommer et faire commettre certaines personnes capables et suffisantes aux dictes cures, affin de résider (3).

(1) V. ci-après, à l'appendice, lès notices sur Saint-Aignan, Notre-Dame et Saint-Pierre.

(V. O. d'Orléans, 62, de Blois, 90).

(2) Ces doléances, particulièrement dirigées contre les moines de Molesmes et de Saint-Michel, sont analogues à celles que la même situation inspirait partout aux curés.

(V. O. d'Orléans, art. 43 et 46).

(3) Les guerres et incendies avaient singulièrement aidé les ecclésiasti-

Lesdicts prévost, chanoynes et chappitre se sont plainctz qu'en les taxant en vertu des droictz de l'aliénation, ou les a grandement surchargez soubz ombre de la maladerye (1) de ladicte ville, de laquelle ils ont seulement l'administration, et dont le revenu est à peine suffisant pour l'entretenement des malades qui y sont ordinairement.

Lesusdict maistre administrateur de Sainct Anthoine a faict plaincte combien que par la taxe de l'an mil cinq cent et seize ladj. quididienne ne se trouve comprinse, ce néanlmoing on le contrainct à présent de payer les décimes et aultres subsides auxquelles encores ou le cottise expressément sans avoir égard à la qualité dudict bénéfice et au peu de revenu qui n'est suffisant pour son son entretement (2).

Et de la part des susdicts eschevins et aultres habitans de adicte ville ont esté faictes et proposées les doléances et remonstrances qui s'ensuyvent :

Que en ladicte ville ont esté de nouvel inventez plusieurs subsides (3) sçavoir sur le pain qui est faict et cuyt par les boulangers, la chair tuée par les bouchers pour la fourniture de la ville, le poisson, les bestes au pied rond, etc., les boys ouvrez et non

quès à s'affranchir de la résidence. Ici, il s'agit surtout du chapitre de Saint-Pierre et de la réunion de la cure audit chapitre.

(V. O. d'Orléans, 18 ; de Blois, 28).

(1) Voir à l'Appendice les notices sur Saint-Pierre et la maladrerie de Saint-Blaise, et la transaction de 1505.

(2) Voir à l'Appendice la notice sur l'hôpital Saint-Antoine.

(3) Il y avait soixante villes closes dans l'élection de Tonnerre, imposées à raison de 5 fr. par muid de vin entrant en icelles.

« Le Roy peut prendre à présent, dit Pithou, sur l'élection de Tonnerre, en tailles, aydes et impositions, xiv mille livres. » (i, 269).

Les aydes imposés en 1571 et qui auraient dû prendre fin, d'après l'ordonnance, en 1574, étaient les suivants :

Bois ouvrés ou non	80 l.
Poissonnerie.	66
Frécaulderie ou menues denrées, comme poules, œufs, fromages, etc.	12

ouvrez, les foing, fourrages, chaulx, arraines et denrées adjointes, frappeurs frappent, ferrauldier et fondeur, métaux, ferronnerie et pelleterie, lesquelles ne sont levées ès aultres villes de ce royaulme ; que pour la levée d'icelles le peuple est travaillé et s'ensuyvent plusieurs perjurements et blasphémes ;

Sont oultre lesquels habitans chargéz de la levée des cinq solz pour muyd de vin et aultres vesseaulx entrant en ladicte ville et faulbourgs, de tailles extraordinaires, mesmes de la saoulde de la gendarmerie, et néanlmoing sont contraintz lesdicts habitans leur fornir vivres et munitions sâns aulcun payement ny remboursement, et ont lesdicts habitans payé en l'année présente, pour lesdictes munitions par eulx fournies, trois mil cens dix liures pour le moing ;

Que les sergentz des tailles et greffiers desquelles tailles nouvellement erigez levent et exigent grands deniers sur le peuple et ne servent que à la foulle et destruction d'iceluy, et sont les - ditz greffiers acheptez par les plus riches et apparentz pour eulx sollager et leurs parens et diminuer leurs quottes (1) ;

Boucherie.	160
Friperie, toile, fil	28
Boulangerie	50
Mercerie	8
Draperie	33
Bêtes à pied rond et fendu	50
Ferronnerie	21
Pelleterie.	» 20 s.
Foins et fourrages	8
Cuirs tannés ou non	26
Vin en gros	480
Vin au détail	370
Octroi de la Courtepinte	520

(1) La taille était un impôt réparti par feu, dont tous les redevables de la paroisse étaient solidaires. Les nobles et les clercs n'y étaient point assujettis. C'est par l'abus signalé ici qu'ont commencé les usurpations les plus nombreuses de la noblesse par les bourgeois. Partout ou à peu près, on se plaint que les familles des officiers de finances soient indûment omises

Que les esleuz et aultres officiers de l'élection (1) qui sont les plus riches et apparentz de ladicte ville, ne payent aucune taille comme s'en exemptant incessamment, neanlmoing lesdictz habitans ne sont de rien diminuez ny sollagez au rept. qui s'en faict ;

Que le prieur de Saint-Aignan et aultres qui levent les dixmes de leurs finages ne font aucune charge es églises d'icelle ville, mesmes pour auoir ung docteur pour annoncer la parolle de Dieu es aduent et Caresme (2), et contribuer à la nourriture des pauvres en temps de nécessité (3), et sont lesdictz habitans contrainctz de remunerer celuy que lon envoye et presche par chacun

---

aux rôles des tailles. On comprend aisément que ce grief ait singulièrement aggravé l'amertume de celui que les populations tiraient avec non moins d'unanimité de la progression croissante du nombre des offices créés par les édits bursaux.

A Tonnerre, les greffiers des tailles furent supprimés en 1583 (Arch. de la ville).

(V. O. d'Orléans, art. 280 et suiv.).

(1) L'élection comprenait un président, un lieutenant, plusieurs élus, dont le nombre a varié, un procureur du roi, parfois un substitut et un greffier.

(2) C'était une opinion très répandue alors parmi les catholiques, qu'il fallait recourir aux docteurs en théologie pour confondre les hérétiques. La prédication des docteurs est réclamée dans un grand nombre de localités. Nous voyons dans un acte d'assemblée du 28 septembre 1567 que, sur la proposition des échevins, les habitants autorisent le receveur des deniers communs à payer le salaire et les frais accoutumés à Me Phraze, docteur-cordelier, que les premiers avaient retenu pour prêcher durant deux mois et qui était alors gardien du couvent de Vannes. On peut concevoir quelque étonnement aujourd'hui de ce mode de procéder, alors que la ville ne renfermait pas moins de 40 à 50 clercs, tant réguliers que séculiers. Mais il n'était pas non plus déraisonnable de demander que le gros décimateur, qui s'intitulait *Curé primitif*, prît à sa charge tout au moins la prédication.

(3) Selon Petitjean, le tiers du revenu des abbayes était destiné aux pauvres d'après la règle admise *jusque sur la fin du temps de nos pères.* Les bulles pontificales en font encore mention. Mais on n'en tient peu de compte dans la pratique.

an, et pour, ce faire, porter et imposer sur eulx grande somme de deniers ;

Que es prébendes collégiales ny en a vue affectée au recteur des escolles de ladicte ville suivant lédict faict à Orléans sur la remonstrance des estatz, et sont pour ce lesdictz habitans contrainctz sallarier ledict recteur pour la régence des escolles (1) ;

Que les monitoires et censures eclésiastiques se décernent par les officiaulx ou leurs vice-gérents pour légères causes d'excès et injures, au grand scandale des catoliques et perdition des emes (2) ;

Que par cy-devant et auparavant le feu advenu en ladicte ville, y avoit ung Hostel-Dieu basty, auquel estoient receuz tous pauvres passans, hébergez et alimentez du revenu des oblations montant à troys cents livres et plus, dont joyt à présent le doyen rural de ce lieu, qui prétend ledict Hostel-Dieu estre vny à son doyenné, toutefoys ne fait aucun debvoir de recevoir et solagéer les pauvres passans (3) ;

Que quand lesdictz habitans se sont pourveuz par devant le roy pour avoir lettres d'impost des vivres et deniers qu'ilz avoyent esté contraintz payer, tant pour les munitions des gens de guerre des camps de Sa Majesté que pour aultres charges qu'ilz auroyent esté contrainctz pourter pour son service, ou leur auroit taxé le scel desdictes à si hault prix qu'il excédoit souventefoys le quart de la somme (4) ;

---

(1) V. ci-après Appendice (O. d'Orléans, art. 19, 39, 61).

En 1573, les comptes de l'hôpital mentionnent un Pierre Thomas, maistre des écoles.

(2) O. d'Orléans, art. 35, 36, 52 et 57.

En 1513, un monitoire avait été lancé par l'official de Langres contre les souris et vrebecques qui dévoraient les grains. L'official d'Autun avait fait, en 1540, un procès aux rats (*Hist. des év. de Langres*).

(3) V. Appendice : Hôtel-Dieu, p. 65.

(4) Rien que pour la réparation des murailles et fossés, il n'y a pas eu moins de douze lettres d'impôt, de 1510 à 1576 (*Arch. de la ville*).

Qu'il plaise à Sa Majesté leur pourveoir de remède convenable sur lesdictes doléances ; et au surplus faire garder ses bons edictz, mesme celuy faict à Orléans sur les plainctes et remonstrances desdictz estatz, en l'an mil cinq cent soixante, notamment ce qui confirme l'élection et recesserence des prélats eclésiastiques, comme sur réduction à certain nombre et règlementation de ses officiers au sollagement de son peuple, lesquelz se sont merveilleusement gardé des espresses (1) *(sic)* il a pleu à Sa Majesté en faire ;

Aussy faire certain taux à ses monoyes et aultres estrangières auxquelles il voudra donner cours en son royaulme (2).

Comme le prevost des mareschaux de Sens prenoit et levoit par chacun an sur l'élection dudict Tonnerre huit cents livres, et néanlmoing ne faict aulcun debvoir es lieux sinon en passant pour recevoir son denier, qu'il luy soyt enjoinct de faire leurs chevaulchées pour le moing par parties et y faire son debvoir, aultrement, que deffenses soyent faictes au receveur de luy payer aucune chose, et enjoinct aux prevost et ses officiers de payer leurs hostes et de laisser aux juges ordinaires des lieux ou aux procureurs du seigneur inventaire des meubles qu'ilz auront saisiz (3).

Et quand à donner advis sur les moyens d'entretenir l'estat du roy et acquister sa foy, ont tous les susdictz comparans déclaré qu'ilz n'entendent les affaires de l'estat, et s'en rapportent à ceulx qui en ont plus de cognoissance qu'eulx (5).

Et aux surplus, soubz les protestations cy dessus, pour ce que

---

(1) Il y a là certainement une omission de quelques mots dans le texte.

(2) V. O. d'Orléans, 342.

(3) V. O. d'Orléans, art. 212 et suiv.

(5) Pour bien apprécier le cahier de l'assemblée, il est bon de se reporter à la lettre de convocation du roi, qui est ainsi conçu :

« Notre amé et féal, depuis qu'il a plu à Dieu nous appeler à cette couronne, nous n'avons rien en si grand désir et recommandation que par le

le jeudy vingt septiesme jour du présent moys, au palais royal de la ville de Sens et suyvant ledict mandement faire et proposer les plainctes, doléances et remontrances cy-dessus, ont tous les sus-dictz tant eclésiastiques que seculiers, en commun accord et consentement, éleu et député lesdictz maistres *Edme Barbette*, doyen curé et administrateur de l'Hostel-Dieu Nostre-Dame et ledict Mᵉ *Jehan Soupplette*, procureur de ladicte ville, ausquelz eusemblement ilz ont donné pouvoir et mandement de ce faire en la meilleure forme et manière qu'ilz adviseront.

Cejourd'hui vingt troisième jour de septembre mil cinq cent soixance et seize, en l'assemblée générale des habitants tant eclésiastiques que séculiers de la ville de Tonnerre tenue en l'église Nostre-Dame dudict lieu, et devant nous Pierre Pithou, licencié és droictz, bailly de ce comté de Tonnerre, a été advisé et arresté de commun consentement et accord, sur les protestations faictes tant par les procureurs de messire et dame que par les eschevins de ladicte ville, que par Mᵉ Edme Barbette, doyen curé et administrateur de l'Hostel-Dieu Nostre-Dame dudict lieu et Mᵉ Jehan

moyen d'une bonne paix mettre fin aux troubles dont ce royaume a été affligé par si longtemps, afin de pourvoir à l'altération et désordre qui y est survenu, taut en l'état ecclésiastique que séculier, par l'aigreur et continuation des guerres civiles, et rétablir toutes choses en leur première splendeur, même pour le regard de la justice, police et discipline et surtout soulager nos sujets à l'avenir des grandes charges, foules et oppressions que la malice des temps les a contraints de supporter, à notre très grand regret. Ce que nous avons toujours estimé ne se pouvoir mieux faire que par une convocation et assemblée générale des Etats de toutes les provinces de notre royaume.

« A cette cause, nous vous avertissons et signifions que notre intention est de commencer à tenir les États libres et généraux des trois ordres de notre royaume, au quinzième jour du mois de novembre prochain, en notre ville de Blois, où nous entendons, désirons que se trouvent aucuns des plus nobles personnages de chacune province, baillage et sénéchaussée de

Soupplette, procureur de ladicte ville, éleuz et députez par les dictz habitans et pour se trouver au lieu des susdict en l'assemblée des estatz dudict baillage, au xxvijᵉ jour du présent moys, seront faictes plainctes et remonstrances tant à monsieur le bailly dudict Sens que aultres officiers dudict lieu de la nouvelle forme tenue aux mandemens envoyez pour l'assemblée particulière dudict comté de Tonnerre, selon qu'il est plus au long contenu et mentionné au procès-verbal, et que ledict sieur bailly ensemble lesdictz officiers seront suppliez et requis de faire raison et donner ordre que l'ancienne forme soyt gardée à la conservation des droictz tant dudict bailly que de ladicte ville de Tonnerre et sollagement des subiectz dudict comté et que ce qui a été prins et levé par les sergentz royaulx pour les exécuteurs desdictz

notre dit royaume, pour, en pleine assemblée, nous faire entendre les remontrances, plaintes et doléances de tous affligés, afin, sans exception de personnes, d'y donner tel ordre et remède que le mal requerra. Aussi, pour nous donner avis et prendre avec eux une bonne résolution sur les moyens d'entretenir notre état et acquitter la foi des rois nos prédécesseurs et la nôtre, le plus au soulagement de nos sujets que faire se pourra.

« Pour et à quoi satisfaire nous voulons, vous mandons et très expressé-ment enjoignons qu'incontinent après la présente reçue, vous ayez, à son de trompe et cri public et autrement, à convoquer et faire assembler en la principale ville de votre ressort, dedans le plus bref temps que faire se pourra, tous ceux des trois Etats d'iceluy, ainsi qu'il est accoutumé faire et que ci-devant s'est observé en semblable cas, pour conférer et commu-niquer ensemblement tant des remontrances, plaintes et doléances, que moyens et avis qu'ils auront à proposer en l'assemblée générale de nos dits Etats ; et, ce fait, élire, choisir et nommer un d'entre eux de chacun ordre, qu'ils envoiront et feront trouver audit jour, quinzième du mois de novembre, en notre ville de Blois, avec amples instructions et pouvoirs suffisants pour... nous faire entendre leurs susdites doléances, ensemble les moyens qui leur sembleront les plus propres et moins dommageables pour entretenir notre Etat et délivrer notre royaume de la nécessité en laquelle ils le voient réduit.

« Donné à Paris, le viᵉ jour du mois d'août.

Signé : « Henri, »

mandemens tant des villes que villages dudict ressort leur soyt rendu et restitué, et que à faulte de ce faire ilz eussent en faire plaincte quand à qui il appartiendra, et de se pourveoir par devant le roy pour faire rendre et remettre ledict baillage de Tonnerre a son ancien ressort de Villeneufue le roy (1) tant à la conservation des droictz d'iceluy que pour le sollagement des subjectz, et en fant poursuyvre le restablissement par bons moyens, — dont lesdictz estaz ont baillé charge et mandement spécia et exprès aux susdictz députez.

Faict sous le seing manuel de nous bailly susdictz et de nostre greffier les an et jour que dessus.

Signé à l'expédition : Petitjehan.

APPENDICE

I.

ABBAYE DE SAINT-MICHEL.

La tradition fait remonter à l'an 500 l'établissement, sur le mont Voutois près Tonnerre, de pieux ermites, qui sont considérés comme les premiers fondateurs du monastère de Saint-Michel. A cette époque, Gondebaut, roi de Bourgogne, abjurait l'arianisme à la voix de saint Avit; les Francs, sous Clovis, envahissaient ses États à la sollicitation des évêques et de sa nièce Clothilde; la dévastation

---

(1) Un arrêt du Conseil royal du 6 juillet 1563 réservait exclusivement au *présidial* de Sens la connaissance des causes de Tonnerre, précédemment jugées aux assises de Villeneuve-le-Roi. Il en résultait pour les plaideurs de notre comté une augmentation de frais et une prolongation de voyages.

du pays par la guerre, la barbarie des mœurs, les vicis-
situdes de la conquête et l'écho du cénobitisme oriental
suscitaient de tous côtés ces vocations monastiques, dont
Montalembert s'est fait l'éloquent historien. Nous voyons
naître, vers le même temps, Saint-Pierre-le-Vif, Agaune
(Saint-Maurice-en-Valais), Saint-Bénigne (Dijon), Saint-
Seine, Réaume (Moutiers-Saint-Jean), Molosme, Saint-
Marien d'Auxerre, etc. Mais les monastères naissants
éprouvèrent souvent, comme le reste du pays, le contre-
coup des guerres et surtout des invasions, comme celles
des Sarrazins et des Normands.

En 888, Teutbold II, évêque de Langres, déclare que
l'église Saint-Michel, sur Tonnerre, riche en édifices et
fréquemment visitée de miracles obtenus par l'interces-
sion de Saint-Michel, est trop pauvre pour que les moines
puissent la desservir et pourvoir au luminaire. C'est pour-
quoi il lui concède à perpétuité l'église de Saint-Étienne,
à Épineuil, ainsi que toute la paroisse. (Cart. S.-M. G. VI).
En 938, Henri, évêque de Langres, donne l'église Saint-
Michel, près des murs de Tonnerre, en bénéfice viager à
son fidèle chevalier Tenton, à sa femme Conrade et à leur
fils Rathier (Id.)

Au mois de juillet 980, Widric, évêque de Langres, et
Milon Ier, comte de Tonnerre, entreprennent de restaurer
le couvent. « J'attribue à Dieu et aux frères qui l'y ser-
viront, dit l'évêque, tout ce qui reste de l'ancienne église
et les choses qui peuvent m'appartenir selon le droit
ecclésiastique, le comte Milon répudiant ce qui lui serait
advenu de quelque façon, par coutumes justes ou in-
justes. » Celui-ci donne en outre à ladite église deux moulins dans le faubourg du château de Tonnerre.

L'évêque installa des moines et les soumit à la règle de Saint-Benoit. A dater de cette époque, la propriété de l'abbaye va croissant, grâce principalement aux libéralités de Milon, qui y prit le froc, et de ses successeurs. (V. *Cart. de l'Yonne* et Mss. de la bibl. de Tonnerre). Un siècle plus tard, il fallut cependant appeler saint Guillaume et saint Robert pour rétablir la discipline. Le second y échoua complétement et se retira à Collan.

En 1100, Guillaume III (1) fait don à l'abbaye d'une église paroissiale construite, au dire de Petitjean et de l'abbé Mathieu, par les habitants de Tonnerre.

En 1116, Josserand, évêque de Langres, confirme à Saint-Michel le droit d'avoir un cimetière pour l'usage des trois villes et du château de Tonnerre, du bourg et de la ville de Saint-Michel. Ce privilége est confirmé par les bulles pontificales d'Adrien IV, en 1158, d'Alexandre III, en 1163 et 1179. En recommandant l'observance de la règle de Saint-Benoit et confirmant l'abbaye dans ses

---

(1) Nos historiens sont en désaccord sur la chronologie et la désignation numérique des comtes de la première maison de Tonnerre.

Cette source de confusion et d'erreurs est due en partie à l'insuffisance des monuments contemporains, mais surtout à la diversité de l'ordre de succession suivi dans les différents comtés qui se trouvent à certaines époques réunis dans les mêmes mains, par suite de quoi le même seigneur peut ne point occuper le même rang ordinal à Tonnerre, à Nevers et à Auxerre, et n'être investi qu'à des époques successives de chacun de ces grands fiefs.

Nous avons comparé les principaux auteurs qui traitent de l'histoire du Comté de Tonnerre avec les chartes qu'il nous a été donné de consulter, et ce travail nous a amené à établir

possessions, ce pape ajoute : « Quiconque mourra dans le château de Tonnerre et la paroisse de Saint-Aignan, ne sera pas porté ailleurs qu'en votre monastère, et il y sera enseveli, à moins que, en jouissance de ses droits, il n'ait choisi une autre sépulture.... » Ce monopole des inhu-

ainsi qu'il suit la liste des premiers comtes héréditaires de Tonnerre :

Milon Ier, marié à Ingeltrude, de 980 à 987.

Guy Ier, fils du précédent, de 987 à 992.

Milon II, fils du précédent, marié à Ermangarde, de 992 à 1030.

Rainard ou Rainaud Ier, fils du précédent, marié à Hervise de Bar-sur-Seine, 1030-1040.

Milon III, autre fils de Milon II, marié à Azeka de Bar-sur-Seine, 1040-1047.

Hugues Renaud, dernier fils du précédent, 1047-1060 environ, évêque de Langres, 1065.

Guillaume Ier, époux d'Hermangarde, nièce du précédent, 1060-1065.

Renaud II, son fils (à la mort de sa mère) 1065-1087, époux d'Agnès de Beaugency.

Guillaume II, autre fils de Guillaume Ier, 1087-1100.

Guillaume III, fils de Renaud II, appelé à Nevers Guillaume II, 1100-1147.

Renaud III, autrement dit Bernard, fils de Guillaume II, époux d'Alix de Beaujeu, part pour la croisade, 1147 ; est fait prisonnier.

Guillaume IV, son frère, époux d'Ida, 1147-1161.

Guillaume V, fils du précédent, 1161-1167, époux d'Éléonore de Vermandois.

Guy II, frère du précédent, 1167-1176, époux de Mahaut Ire (de Bourgogne), qui épouse après sa mort : 1º Pierre de Flandin, 2º Robert le Dreux ; tutrice de son fils.

Guillaume VI, fils du précédent, 1176-1180. Meurt à 16 ans.

Agnès, sœur du précédent, 1180-1193, épouse Pierre de Cour-

mations (1) fut la source de contestations sans fin, dans lesquelles le couvent l'emporta toujours, notamment contre le doyen de Notre-Dame et les habitants, en 1550-1551 ; avec Saint-Aignan et l'hôpital il transigea, 1191-1333.

En 1180, le comte Guillaume VI donne à l'abbaye le bourg de Saint-Michel en hommes, justice, foires, avec tout le territoire compris entre les bornes posées. Aussi les moines refusèrent-ils toujours à leurs sujets le droit d'acquérir la bourgeoisie au gîte de Cruzy, ainsi qu'en témoigne une sentence du lieutenant général au bailliage de Sens (2) du 5 mai 1401, de laquelle il résulte aussi que les hommes de l'abbaye lui devaient la dîme du blé, du

tenay, qui règne encore après elle en vertu de son contrat de mariage, jusqu'à son départ pour Constantinople, 1217.

MATHILDE ou MAHAUT II (de Courtenay), leur fille, 1217-1257, veuve successivement d'Hervé de Donzy et de Guy de Forez, finit par entrer à l'abbaye de Fontevrault ; était déjà comtesse de Nevers.

MATHILDE ou MAHAUT III (de Bourbon), arrière-petite-fille de la précédente, mariée à Eudes de Bourgogne, 1257-1262.

MARGUERITE Iʳᵉ (de Bourgogne), leur fille, 1262-1293; épouse Charles d'Anjou, frère de saint Louis, roi des Deux-Siciles et de Jérusalem, auquel elle survit.

(V. *Art de vérifier les dates*, *Histoire de Bourgogne*, p. Du-chesne. — *Hist. du Comté de Tonnerre*, p. M. Challe ; *Cart. de l'Yonne* ; *Mém. de Cerveau* ; *Chart.* de Pithou). On retrouvera ci-après, dans la notice de la Maladrerie, la chronologie des successeurs de Marguerite Iʳᵉ.

(1) Il fait l'objet de vingt-six chartes au Cartulaire de l'ab-baye.

(2) Cela résulterait d'ailleurs de la transaction passée entre l'abbaye et la reine Marguerite au mois de mai 1292. (Cart. du Comté de Tonnerre aux Arch. de la Côte-d'Or).

vin et du bétail, ainsi qu'un festage annuel de cinq sols par maison et deux sols six deniers par appentis. Les affranchissements ne paraissent pas avoir été fréquents ni multipliés. Cependant, nous en connaissons un en 1333, concernant Jean, dit Gouy de Coussegrey. (Mss. de la bibl. de Tonnerre.)

En 1235, le monastère de Saint-Michel cesse d'être subordonné à celui de Molesmes.

En 1250, l'abbé Milon met en société, avec Thibaut IV, roi de Navarre, comte Palatin de Champagne et Brie, tout ce qu'ils possédaient l'un et l'autre à Valerisse et dans la forêt de Sorberoy.

En 1329, l'abbaye affranchit les habitants de Pimelles.

En 1349, l'abbé Philippe Doufosse conclut, avec la comtesse Jeanne de Châlon, une transaction pour dispenser le couvent de l'obligation de donner à manger au prévôt et à ses sergents les jours de foires, moyennant une rente de quinze sols audit prévôt. L'abbé obtient en outre la visitation des denrées et l'adjointement des poids, aunes et mesures en la ville de Saint-Michel, conformément à l'usage de Tonnerre.

En 1355, une bulle d'Innocent VI confirme les possessions et priviléges de ceux qui tiennent la chapelle érémitique, *in clivo rupis*, près Tonnerre, contre les exactions des princes séculiers. Nous ne savons pas au juste si l'abbaye en profita pour disputer cette chapelle, (qui était celle de Saint-Loup ou Saint-Micomer) au prieuré de Saint-Aignan, auquel elle avait été concédée nominativement en 1087, où si elle se borna à appliquer la bulle à la chapelle du Mont-Sarra, comme le permettaient ses termes ambigus.

Nous n'énumérerons pas un à un tous les dons faits successivement durant plusieurs siècles à l'abbaye de Saint-Michel, qui obtint notamment tous les moulins et usines sur la rivière et plusieurs fiefs importants, tant au dedans qu'au dehors du comté. Les bulles pontificales publiées au *Cartulaire de l'Yonne*, le dénombrement de 1536 reproduit par M. Challe (*Hist. du Comté de Tonnerre*, p. 245), et la déclaration du revenu de 1573 que nous éditons ci-après, suffisent à donner un aperçu de ses possessions en 1576. D'après le cartulaire de Saint-Michel, qui date à peu près de cette époque, elles comprenaient, en dehors de Tonnerre, quatre prieurés : Bar-sur-Seine, Sassains, Puis et Saint-Vinnemer, et se trouvaient situées principalement à Athée, Avreuil, Bernon, Chablis, Cheney, Coussegrey, Collan, Cruzy, Flogny, Fresnes, Lantage, La Chapelle-les-Flogny, Lézinnes, Lignières, Ligny-le-Châtel, Maligny, Melisey, Pacy, Paisson, Perrecey, Pimelles, Poilly, Prusy, Roffey, Serrigny, Sorberoi, Troyes et Vaupelteigne (1).

Revenons à son administration.

En 1254 (6 kal. décemb.), Innocent IV autorise l'abbé (sur la demande de son confrère de Saint-Germain d'Auxerre) à dispenser les moines des observances trop rigoureuses de la règle, sauf les cas où la dispense est interdite.

En 1531, nonobstant la règle de Saint-Benoit et les bulles pontificales qui l'ont confirmée (Voir suite au *Cart.*

(1) En 1575, l'abbaye vendit la métairie de Vaudelevée, proche de laquelle la ville de Tonnerre cherche à s'alimenter d'eau potable, et qui paraît avoir tiré son nom du barrage établi par les moines en travers de la vallée pour obtenir une

de l'Yonne, 508), l'abbaye fut donnée en commende par le pape à Ogier de Nicey. Le dernier abbé régulier, élu en 1494, avait été Etienne de Nicey, licencié en droit canon, qui jouissait d'une grande autorité dans le pays et avait fait reconstruire l'église, le cloître, le trésor, et les autres bâtiments de l'abbatiale depuis 1505. Il était aussi abbé de Molosme et avait transféré à Saint-Martin ce monastère, ruiné par les Anglais dans le siècle précédent. Son neveu Ogier, malgré la provision qu'il avait obtenue à Rome, dut céder la place à un autre abbé commendataire, Guillaume Raguier, aumônier du roi auquel appartenait la nomination, en vertu du concordat de 1515.

En 1559, Marin d'Inteville, bâtard d'un chevalier de Rhodes, lui succéda et aliéna, dit-on, une partie des biens du monastère.

En 1572, le cardinal Charles de Lorraine, était, à Rome, fort avant dans les bonnes grâces du pape Grégoire XIII, auquel il porta la nouvelle de la Saint-Barthélemy. Aussi obtint-il la déposition et la succession de l'abbé de Saint-Michel, qu'il accusait d'hérésie. D'Inteville convoqua un chapitre solennel, dans lequel il protesta, en présence de Maladière, chanoine de la collégiale, qui en rédigea acte, des vénérables frères Germain Michelot, Jehan de la Presle, Hugues de Lantage, Claude Berteau, religieux, Jehan Guillemynot, novice, honorable et circonspect M° Thomas Bazin, lieutenant général de Troyes, Nicolas

chute et un étang. Les cartes de la généralité de Paris au XVIII° siècle figurent le ruisseau se jetant dans un étang à peu près en face de Vaulichères.

Lauxerrois, lieutenant de Bar-sur-Seine, Symon Andry, procureur, Michel Jouy, procureur du roi, Jehan Dubois, commissaire, etc., tant contre sa déposition que contre la provision délivrée au cardinal par la cour de Rome.

En 1576, le 5 des ides de mars, une nouvelle bulle de Grégoire XIII, rappelant le concordat conclu avec François Ier, conféra en commende à Jean Brunet, clerc du diocèse de Limoges, qu'elle relevait de toutes censures ecclésiastiques, le gouvernement de l'abbaye de Saint-Michel *vacant* par la mort du cardinal de Lorraine. Toutefois le nouvel abbé ne dut prendre possession qu'au bout de six mois, après avoir prêté serment entre les mains des officiaux de Paris, Limoges et Langres.

Telle était la situation au moment de la convocation des états généraux. Elle explique les doléances des religieux de Saint-Michel et nous porte à croire qu'en les appliquant aux prieurés, leurs auteurs en faisaient certainement *in petto* remonter la portée jusqu'à la dignité abbatiale. Quelques années après, Petitjean écrivait : « Ceux qui se disent aujourd'hui abbés de toutes abbaïes « debvroient faire résidence personnellement en leurs « abbaïes, pour servir de miroüer à leurs religieux ; à « l'observance de la bonne vie et conservation qu'ils « soient tenuz par leurs vœux de profession et à l'imita- « tion de leurs bons prédécesseurs hermites. »

L'abbaye de Saint-Michel avait la justice haute, moyenne et basse dans le bourg et dans la plupart de ses fiefs. Elle fournit un ample contingent à l'épidémie processive des xve, xvie et xviie siècles. Les droits de cimetière, de croix et de foire tiennent une bonne place dans ses litiges, pour lesquels elle entretenait des hommes de lois à ses gages à Sens et à Paris, outre ceux de Tonnerre et de ses justices.

Depuis le 12 septembre 1445, l'abbé posssédait le privilége « d'user de la mitre, de l'anneau et du bâton « pastoral, comme de donner la bénédiction solennelle « avec la tunique dalmatique et les autres insignes pon- « tificaux. » (C. S.-M.)

Le bourg de Saint-Michel a été détruit en 1359 par les Anglais, et en 1414 par les soldats du duc de Bourgogne.

Le dernier abbé commendataire de Saint-Michel fut un conseiller au parlement de Paris, Guyot d'Ussière, depuis député aux états-généraux, qui avait profité, en 1785, de la bulle de Clément IX du 15 mars 1668, laquelle autorisait les magistrats pourvus d'*indult* à requérir la collation des bénéfices réguliers autres que les offices claustraux et prieurés conventuels électifs.

II

HOPITAL NOTRE-DAME DES FONTENILLES.

L'hôpital Notre-Dame-des-Fontenilles fut fondé en 1293 pour les pauvres pèlerins, les malades et les femmes en couches, par Marguerite de Bourgogne, veuve de Charles d'Anjou, comtesse de Tonnerre, reine des deux Siciles et de Jérusalem. (V. *Annuaire de l'Yonne*, 1862, *Histoire du Comté de Tonnerre*, par M. Challe, et *Notes historiques sur l'Hôpital*, par M. C. Dormois). La charte de fondation, confirmée tant par le roi Philippe-le-Bel que par le pape Boniface VIII, exemptait cet établissement de toute juridiction spirituelle autre que celle du Souverain-Pontife (à l'exclusion de l'ordinaire) et de toute souveraineté temporelle autre que celles du Comte et du Roi. (*Chartes et titres de Tonnerre*, p. 103 et suiv.)

Grâce à cette autonomie, à l'importance de sa dotation, surtout à la protection du saint siége et du pouvoir royal, ainsi qu'au patronnage effectif des comtes, que lui avait ménagés sa pieuse fondatrice, à la faveur enfin des sages mesures étudiées par elle, l'hôpital des Fontenilles parvint à surmonter les épreuves sous lesquelles succombèrent les autres hôpitaux de Tonnerre. C'est le seul qui subsiste encore.

Il constituait autrefois un fief important, comprenant plusieurs arrière-fiefs, jouissant du droit de justice haute, moyenne et basse, de nombreux et importants priviléges, administré par un Maître-Supérieur à la nomination du Comte (1) qui occupait à Tonnerre un rang élevé, mais n'y résidait par toujours au xvie siècle. Le Maître exerçait toutes les fonctions curiales dans l'enclos bastionné compris entre le bief de l'Armançon et la rue des Fontenilles d'une part, la rue de la Tonnellerie (actuellement de l'hôpital) et les fossés, dits Eau-du-mort, de l'autre. Il avait la collation des chapelles (2). Le château seigneurial,

(1) 'Le premier Maître de l'hôpital fut son architecte, le chancelier et chapelain de la reine Robert de Luzarches, probablement proche parent de celui qui s'est illustré par la construction de la cathédrale d'Amiens, cinquante ou soixante ans auparavant.

(2) Il avait donc en fait un véritable bénéfice ecclésiastique des plus avantageux, bien qu'à raison des priviléges de l'hôpital il soit parvenu à échapper aux impôts qui frappaient ceux du diocèse. (Lettre du receveur général, 2 novembre 1408, arr. c. des aydes, 28 février 1562, lettres-patentes, 26 juin 1564).

construit dans cet enclos par la fondatrice et vendu en
1838 à l'administration hospitalière par M. le marquis de
Louvois, a été démoli pour faire place à l'hôpital actuel.
François Ier y reçut la déclaration de guerre de Charles-
Quint, et Louis XIV y séjourna en 1674. L'hôpital exerçait
à Tonnerre des droit de minage, rouage, pennage et péage
sur les ponts, ainsi que de pêche dans la rivière. Il abandonna aux habitants, en 1396, la rente sur le festage
constituée à son profit par la fondatrice. (V. sur ces droits
et sur les revenus de l'hôpital au xvie siècle, la notice de
C. Dormois, p. 77 et 87).

En 1359, les Anglais pillèrent et brûlèrent la ville basse
et le bourg de Saint-Michel. L'hôpital, abandonné par le
maître et les chapelains, qui s'étaient réfugiés, avec leur
trésor, au château d'Argenteuil, fut respecté, grâce à
l'installation du roi Edouard IV dans le château.

Il n'en fut plus de même en 1444 : le maître tomba
entre les mains des routiers du duc de Bourgogne, qui
firent main basse sur tout ce qui se trouva à leur conve-
nance. Un des chapelains, Jean Tholon, eut seul la présence d'esprit et le courage de sauver les pièces les plus
précieuses du trésor. Chargé, en 1430, par un arrêt du
parlement, de l'administration provisoire « pour obvier
à une ruine totale, » il fut, après une interruption de
quelques années, définitivement installé, en qualité de
maître-supérieur, par Guillaume de Châlon, en 1440.
L'église et les cimetières avaient été profanés pendant les
guerres. Ces derniers avaient été le sujet de vives contestations avec les moines de Saint-Michel, nonobstant les
bulles pontificales, qui avaient concédé à l'hôpital les
droits de sépulture, 3 septembre 1287, et 25 juillet 1306.

En 1395, l'hôpital avait adhéré à l'abandon, fait par le comte Louis Ier de Châlon aux habitants, de son banvin du mois de mai.

Au XVIe siècle, de nouvelles hostilités viennent faire subir à l'hôpital de nouvelles épreuves, ainsi que le constatent les lettres royales en forme de protection et de sauvegarde qui, le 14 mai 1531, enjoignent au Bailly de Sens de rétablir et maintenir en possession de tous leurs biens les religieux et religieuses expulsés durant les guerres. D'autre part la division du comté entre les Sires de Clermont et du Belloy fut une cause d'anarchie pour l'hôpital, qui eut deux maîtres à la fois.

La discipline y était d'ailleurs assez relâchée. Deux commissaires royaux y furent préposés au gouvernement temporel en 1560, et trois ans après intervint un arrêt du grand conseil royal en désaccord avec la charte de fondation, qui confie l'administration du revenu à deux bons bourgeois élus par le Comte de trois en trois ans et astreints à rendre compte de demi-an en demi-an. Le maître devait recevoir seulement d'eux sept vingt livres par an et résider à l'hôpital. (*Char. et Tit.*, p. 147).

Le maître ainsi que les frères et sœurs désertèrent leur poste lors des épidémies dites pestes de 1562 et 1570. En 1565, ils se précautionnèrent d'un gîte à Vertault pour semblable occurrence.

De 1568 à 1585, le maître de l'hôpital fut Maurille de Lymelle, seigneur de la Briantaye, qui remit en ordre la maison et les biens, quoique ne paraissant pas avoir bien exactement résidé de sa personne.

Pour sa quote-part dans les frais et les voyages des députés du clergé du bailliage aux États-Généraux, l'hô-

pital a payé sept livres quinze sols en 1562, et dix livres
en 1577.

III

ÉGLISE ET PRIEURÉ DE SAINT-AIGNAN.

On fait remonter à la fin du ve siècle l'édification de
l'église de Saint-Aignan, qui se trouvait dans la ville
haute, au sud-ouest du château, sur la plate-forme de
vignes dite *Courtinet*, du nom des anciennes courtines
qui l'enveloppaient. C'est, dit Mutinot, l'église mère de
tout le Tonnerrois. Selon Cerveau, saint Aignan mourut
évêque d'Orléans en 453. Le christianisme devait être
déjà répandu dans le *Pagus Tornodurensis* à l'époque où
Clovis épousa la nièce du roi de Bourgogne (493). En
effet, l'abbé Mathieu fait remonter au IIe siècle l'épiscopat
de Langres et saint Micomer était mort à Tonnerre et
enterré en 444 dans une chapelle *in clivo rupis,* qui fut
placée sous son patronage (1)

Le siége de la royauté de Bourgogne à Orléans doit
avoir contribué à populariser à Tonnerre la dévotion à
Saint-Aignan. Cette église existait lorsque Mondéric, en

---

(1) Cette chapelle fut, beaucoup plus tard, consacrée à saint
Loup, mais elle avait conservé le tombeau de saint Micomer
jusqu'au XVIIe siècle. A cette époque, un soi-disant ermite s'y
établit, en fit murer la porte (d'où le nom de reclus), et dé-
plaça la sépulture du saint, qui avait été durant des siècles
un lieu de pèlerinage en grande vénération.

Saint Micomer, prince irlandais comme les Mac-Mahon, vint
en France à la suite de saint Germain d'Auxerre, et mourut
au château de Tonnerre, dans les bras de saint Loup. Son in-
tercession était invoquée particulièrement pour la guérison
des enfants malades.

577, reçut le gouvernement du château de Tonnerre, en qualité d'archiprêtre et de futur successeur de l'évêque saint Tétric. (Grég. de Tours).

Les clercs conservèrent probablement une part importante dans l'administration du pays sous l'évêque de Langres durant plusieurs siècles. Il en fut autrement lorsqu'après Charles le Chauve, les comtes laïcs, jusqu'alors intermittents, se succédèrent définitivement et devinrent héréditaires. La fondation des monastères au xe siècle dut tarir singulièrement la source du recrutement du clergé séculier. A Tonnerre notamment, l'influence des abbayes de Molosme et de Saint-Michel devait se faire sentir à cet égard.

C'est sans doute par suite de ces circonstances, non moins que des instances de saint Robert, abbé de Molesmes, son parent, et probablement aussi pour suivre le mouvement qui se manifeste à la même époque sur d'autres points, que le comte Guillaume II consentit, en 1087, au profit des bénédictins de Molesmes, une concession excessive, dont les conséquences devaient se faire durement sentir au clergé paroissial et canonial de Tonnerre durant sept cents ans.

« Je concède, dit Guillaume, et je donne à l'église Sainte-Marie de Molesmes, à son abbé Robert et aux frères soumis à son autorité l'*église de Saint-Aignan*, sise dans la ville de Tonnerre, à savoir : les *dimes*, tant grosses que menues, ainsi que les *oblations* et *sépultures*. Le finage de Saint-Aignan est ainsi déterminé : Le premier confin est le vieux sentier des vignes à Sambourg, qui sépare les finages de Tonnerre et de Junay, tendant jusq'au moulin de Darême ; le second, de la Fontaine-Froide jusqu'à la vieille route, et de la vieille route jusqu'à celle qui va à Épineuil. Le troisième est la fosse de Vauplaine. Le quatrième, la forêt de Sambourg. Le cinquième, le pommier.... (*Pomus pinlosa*). Le sixième va jusque vers le petit étang de Tissey (lacellum). Je donne à perpétuité à Sainte-Marie, toute la terre, le cours des eaux et tout entre ces points et l'église même, avec la chapelle de Saint-Pierre et les autres chapelles, *comme les chanoines l'avaient auparavant dans ladite église*, et la pêche du cours d'eau dit Blimodes, et le salage du marché (1), et mon verger et le ban-vin pour la récolte de Saint-Aignan, et tout ce que les moines de ce monastère pourront acquérir de quelque manière que ce soit dans mes domaines ou sous mon autorité. » (*Chart.* Pithou, II, fᵒ 20, *Cart. de l'Yonne*, I, p. 203).

Guillaume II, partant pour la Croisade, en 1100 (2), confirma cette concession, qui fut encore sanctionnée l'année suivante par l'évêque de Langres, Manassès, probablement en l'absence du comte. Il est à remarquer que ce prélat ajoute au contenu des chartes précédentes : « A la demande du même comte, nous avons concédé que, Guillaume lui-même, *ni aucun comte de Tonnerre* ne puisse se faire ni se laisser faire une autre chapelle

(1) On peut voir, dans la transaction de 1505 (p. 34), la mention d'une perception faite par le chapitre de Saint-Pierre, qui semble avoir cette origine et aura probablement fait l'objet d'une cession qui nous est inconnue.

(2) Il recevait alors l'hospitalité à l'abbaye de Saint-Étienne de Nevers, où se trouvait Robert, abbé de Molesme, et voulait obtenir l'absolution de ses voies de fait contre Molesme, où il avait fait allumer un incendie.

dans son château... Les moines de Molesmes choisiront et présenteront à l'évêque le curé de Saint-Aignan. » (*Cart. de l'Yonne*, I, p. 206).

En 1111, Guillaume III, à son tour, « obtempérant aux décrets canoniques qui interdisent aux laïques la possession des choses ecclésiastiques, livre à l'église de Molesmes l'église Saint-Aignan, dans la ville de Tonnerre et la chapelle de Saint-Pierre, avec les autres chapelles et toutes leurs appartenances, » et confirme les dons de ses prédécesseurs, en présence du légat du Pape, qui avait ouï dire que feu l'évêque Robert avait fait ces concessions au couvent de Molesmes (*Cart. de l'Yonne*, p. 225).

On se garde bien, d'ailleurs, de montrer la charte de Manassès, et il n'est fait aucune mention de l'abandon par le comte du droit de nouvelle érection. Il est à remarquer enfin que l'interdiction de Manassès à cet égard ne fut confirmée qu'en 1190 par Clément III, tandis que les autres concessions du comte avaient été sanctionnées dès le 20 avril 1175, par Alexandre III. Enfin, il n'est pas jusqu'à la précaution d'obtenir une nouvelle bulle d'Innocent III, en 1203, qui ne semble un indice de la pression du monastère sur la conscience du comte.

Au dire de ses biographes et de Cerveau, Saint-Bernard célébra la messe à Saint-Aignan, en 1130, et y rendit miraculeusement la vue à plusieurs aveugles. L'abbé Mathieu place ces faits en 1147.

Mutinot rapporte qu'une communauté de moines de Molesmes, gouvernée par un prieur, s'établit à Saint-Aignan (1119), et ne tarda pas à entrer en conflit avec le curé ainsi qu'avec le chapitre dépossédé, au sujet du partage des offrandes (V. *Sentences épisc.*, 1119, 1242, 1245). « Le prieur se réserve la dîme du blé et du vin, les offrandes du maître-autel, le produit de l'extrême-onction et de la croix. Le reste est partagé avec le curé. Quant aux chapelains, ils auront les dons qui leur seront faits jusqu'à douze deniers, mais le surplus se partagera avec le prieur. » (Chart. Pithou, II, f° 23).

En 1191, Manassès, évêque de Langres, intervient pour mettre fin aux contestations soulevées entre les moines de Molesmes et de Saint-Michel, par le désaccord des chartes ci-dessus rapportées, et des bulles pontificales de 1158 et 1179, au sujet des droits respectifs des uns et des autres, relativement aux inhumations. Il amène les abbés à une transaction par laquelle Saint-Aignan renonce à faire usage du droit de sépulture et à lever des dîmes sur le territoire de Saint-Michel, moyennant le paiement annuel, par ce dernier monastère, de trois setiers de blé et trois muids de vin.

L'abbaye de Molesmes protesta, en vertu de la charte de 1111, contre l'érection de la chapelle Saint-Jean, que la comtesse Mathilde I avait établie dans son château. L'abbaye obtint pleine satisfaction en 1185 : rétractation de la fondatrice, monopole de la célébration du culte dans ladite chapelle, avec toutes les oblations ou bénéfices de toute espèce qui peuvent y être attachés, et jusqu'aux clefs de la chapelle (*Cart. de l'Yonne,* II, 348).

Néanmoins, l'église Saint-Aignan tombait en ruines. En 1210, le comte Pierre de Courtenay promit bien neuf-vingt livres (20,400 fr.) pour la relever, mais l'état de ses affaires ne lui permit sans doute point de tenir cette promesse, et le clergé paroissial émigra à Saint-Pierre, où les chanoines étaient déjà installés. La chapelle Saint-Jean demeura, d'après Petitjean, à la disposition du prieur, jusqu'à sa ruine totale, en 1414.

Depuis lors, le prieuré de Saint-Aignan n'est plus qu'un bénéfice sans ministère comme sans résidence à Tonnerre. La perception à son profit des dîmes et redevances, qui, par conséquent, cesse de représenter la rémunération du service religieux, en vue duquel elles étaient établies, devient un sujet d'incessantes doléances dont nous voyons un exemple en 1576. Toutefois, il subsista jusqu'à la Révolution, car un vicaire-général de Narbonne en prit encore possession en 1787.

IV

EGLISE ET CHAPITRE DE SAINT-PIERRE.

L'église de Saint-Pierre fut primitivement une chapelle destinée au service du culte pour les habitants de la ville du bourg, qui se trouvait séparée de la ville haute par une enceinte[1] (1). C'est probablement à cette époque qu'elle avait été édifiée dans le style roman, dont la porte, placée derrière les orgues, nous a conservé la trace. (V. Notice, par M. Le Maistre). Vicariat de Saint-Aignan, elle fut comprise à ce titre dans la donation faite, en 1087, par le comte Guillaume II à l'abbaye de Molesmes.

Néanmoins, les chapelains du château, érigés en cha-

---

(1) Cette enceinte s'étendait de la porte des champs ou de Saint-Pierre, située au-dessus du gripot, à la porte Jean Garnier ou de Paris, qui était à peu près en face de la rue actuelle des Fossés Jean Garnier et à la porte royale ou Fiot, dans la rue Saint-Pierre. Cette ville avait un millier d'habitants (Petitjean, R. Luyt).

pitre (selon Mutinot, par bulles pontificales d'Alexandre III, Clément III et Innocent III, qui ne nous sont pas parvenues), antérieurement à leur dépossession par l'acte dont nous venons de parler (1), furent installés à Saint-Pierre, dans le courant du xııe siècle, probablement à l'arrivée des moines (1119).

Nous voyons un chanoine y fonder (2) une prébende en 1142, le chapitre acheter une vigne au Perrières du curé de Maroles en 1150. En 1156, les héritiers Bernard du Meix fondent un autel dans l'église des chanoines, et attribuent au desservant dudit autel le revenu de deux pièces de terre qu'ils achètent à cet effet au Courtinet et à Froide-Fontaine, ce qui porte l'évêque de Langres Guy (Godefroid de Rochetaillée) (3), à concéder au chapitre, en 1160, les oblations et la collation des autels fondés ou à fonder dans leur église, sous réserve de la collation à lui et ses successeurs au cas où le chapitre n'y aurait pas pourvu dans les quinze jours qui suivront la connaissance de la vacance (Mss. de la Bibl. de Tonnerre).

Mais les moines de Saint-Aignan ne laissèrent pas longtemps en paix les chanoines de Saint-Pierre, ainsi qu'en

_____

(1) La donation de 1087, confirmée en 1100 et en 1111, ne fut approuvée que beaucoup plus tard par la cour de Rome, puisqu'Alexandre III ne fut élu qu'en 1159. Selon l'abbé Mathieu (*Hist. des évêques de Langres*), le chapitre aurait été érigé à Saint-Aignan l'année même de la donation à Molesmes.

(2) Raymond, en présence de Hugues, abbé de Molesmes, et Guillaume, abbaye de Quincy, notaires du comte Guillaume III.

(3) La charte porte : *Guido, Dei gratiâ, Lingonensis episcopus.*

témoignent la charte de l'évêque de Langres et de la com·
tesse Mathilde, en 1185 (V. Saint-Aignan), et une sentence
rapportée par Petitjean à la date de 1198. La cure de Saint-
Aignan ayant été transférée à Saint-Pierre, au commencement du XIIIᵉ siècle, par suite de la ruine de la première
de ces églises, les conflits ne tardèrent pas à devenir
presque incessants entre le curé et les chanoines. Le
premier était à la collation de l'abbé de Molesme, et les
seconds, à celles de l'évêque de Langres et du comte de
Tonnerre, par moitié, alternativement, sauf que le comte
nommait seul le prévôt. (Sentence de l'év. de Châlons,
1228).

En 1221, le nombre des prébendes collégiales est porté
à dix-huit, outre les trois dignités.

En 1223, selon Pithou, 1253, selon M. Quantin, l'évêque de Langres essaye de *mettre fin à toute controverse*
entre les chanoines et l'abbaye de Molesmes. Il règle
leurs droits respectifs, en réservant au prieur de Saint-
Aignan les oblations et les dimes, ainsi que la création
d'une prébende (Supp. au *Cart. de l'Yonne*, 364). Néanmoins, l'apaisement ne fut que momentané, et le curé
devait plus tard associer ses paroissiens à sa lutte contre
le chapitre.

En 1387, un boulanger refuse de payer la redevance
annuelle de quatre sous six deniers, à laquelle sont tenus
envers le chapitre tous les *talmetiers* vendant pain à
Tonnerre, sous le prétexte qu'il n'en doit que la moitié,
attendu qu'il est associé à une veuve. Néanmoins, il est
condamné par le bailly, Jean de Rochefort, à la requête
du procureur du chapitre, qui porte le même nom que le
bailly. En 1499, ce sont les habitants qui veulent se sous-

traire au paiement des droits de fenestrage, **havage**, estallage, rouage, etc., et qui saisissent l'occasion des démêlés du curé avec les chanoines, pour se livrer à des voies de fait qui appellent l'intervention du bailly royal de Sens et du Parlement de Paris, 1502-1503. Le bailly de Tonnerre s'attache alors à amener les parties à un accommodement, et leur fait souscrire la transaction que nous publions ci-après, 1505. Mais l'inexécution de ses clauses amène de nouveaux procès dans lesquels le chapitre l'emporte sur le curé, 1539-1544.

L'incendie de 1556 dispersa les chanoines. Mais, à leur retour, la lutte recommença, ainsi qu'en témoignentl es doléances respectives de ceux-ci et du curé, en 1576. Elle se prolongea plus ou moins ouvertement, même après une nouvelle transaction (1640), sanctionnée par arrêt du Parlement (28 mai 1661).

A peine cette transaction était-elle conclue, que le chapitre se voyait enlever, par arrêt du Conseil (28 novembre 1667), les biens de la Maladrerie, que lui avaient abandonnés les habitants, en 1505. Nouvelle instance devant le bailliage, qui reconnaît au chapitre le droit de reprendre le perception de ses droits d'étalage et de vente, auxquels il n'avait renoncé que conditionnellement (30 décembre 1692).

En 1561, les fabriciens avaient traité avec un maçon pour la reconstruction des piliers de l'église incendiée (Arch. dép., 2519), et en l'an 1572, les habitants avaient obtenu l'autorisation de reconstruire la tour, de l'appuyer sur les murs du château (1), et d'y établir un guetteur.

(1) Il s'agit du château Saint-Pierre, édifié en 1424, avec

Cette autorisation fut renouvelée en 1771 (Arch. de la ville).

Transaction entre le chapitre de Saint-Pierre et les habitants de Tonnerre, 1505.

(Cette pièce, extraite du Chartulaire de Pithou, I, folio 288, est fort importante pour l'intelligence de la situation des parties en 1576 et des pratiques fiscales en usage à cette époque. Nous n'en retrancherons que les noms des habitants et les répétitions inutiles à son intelligence.)

A tous ceulx qui ces présentes lettres verront, Jehan Pinot, seigneur de Rameau, Fyé et Monvalloir, élcu par le Roy notre Sire en l'élection de Tonnerre et Aucerrois, Bailly et Garde des sceaulx de la juridiction dudict Tonnerre, salut. Sçavoir faisons que, comme divers et plusieurs procez soient meuz et espérez à mouvoir entre les vénérables prévost et chapitre de l'église collégiale de Saint-Pierre de Tonnerre, comparant par discrettes personnes, messires Ponces Machat, Jehan de Chaonnes, Estienne Leclerc, Jehan Chaalons, procureur de ladicte église, maistre Ogier Cerveau, Jehan Roze, Jehan Jotherat, Jean Bertrand et Jean Moreau, tous prebstres et chanoynes, et eulx faisant fortz pour les aultres Chanoynes absents d'icelle église, d'une part, et le curé et les paroissiens dudict Saint-Pierre et les aultres manans et habitans dudict Tonnerre, comparans par honnorables hommes Jehan Moreau, mesureur du grenier à sel en la ville dudict Tonnerre, Guillaume Mirouer et Didier Thomassin, eschevins et représentant le corps et communauté de ladicte ville, et

l'autorisation de Philippe le Bon, duc de Bourgogne, détenteur du comté, sur l'emplacement du Belfort, qui avait victorieusement résisté à l'assaut des anglais en 1359. Ce château subsistait au XVIIe siècle, et on peut en voir le déssin sur les *Vues de Tonnerre* publiées à cette époque par Claude Chastillon et Mérian.

avec eulx honnorables hommes, Bertin Allier, notaire en l'élection, ... tous habitans d'icelle ville adjornez à huy, pardevant
nous, de post en post à la requeste desdicts échevins et de mesd.
Mgrs, demandeurs par lesdicts Boybier et Massot, sergentz du
corps de la ville si comme ils nous ont relaté de bouche, d'autre
part. Sur ce que lesdicts prévost et chapitre disoyent et maintenoyent que, entre les aultres droictz, prééminences, libertez et
franchises à eulx appartenant à cause de la fondation, dotation
et augmentation de leur dicte église ilz avoient audict lieu de
Tonnerre droict de fenestrage et estallage, de lever, haver, du sel,
de vente et du poix, à cause desquelz droictz de fenestrage et
estallage, ils avoient droict de prendre et percevoir ou par leurs
gens, fermiers et admodiataires, faire prendre, lever et percevoir
sur marchands vendant à détail ou fenestre ouverte, la somme
de cinq solz tournois, payables chacun an et jour de feste Saint-
Remy, et s'ilz vont estaller ou vendre au marché, ils doibvent,
oultre ladicte somme et pareillement tous aultres étrangiers,
vendant en iceulx ou aux foires tenues audict Tonnerre à la
Saint-Jehan ou le jeudy devant les brandons pain ou aultres
marchandises, ung denier obole tournois par chascune sepmaine
qu'ilz vont estaller esdictes foyres ou marchés ; et sur chascun
bolangier vendant pain en ladicte ville, avoient droict de prendre
chascun an, ledict jour Saint-Remy, quattre solz six deniers tournois. Et pour lesdictz droictz de lever ou haver, disoient lesdictz
du chapitre, avoir droict de prendre à touttes lesdictes foyres et
marchés excepté le jour Saint-Martin, depuis l'heure de neuf à
dix heures que la foyre se crioyt, sur toutes manières de foi-
rauderies, comme pommes, poires, cerises et aultres fruictz
austant que ung homme pourroit licitement empoigner à la
main close (1), et sur aultres marchandises, comme aulx, oignons,
lins, chanvres, choux, porreaulx et aultres telles marchandises,

---

(1) C'est ce qu'on appelait *haver* (Ducange).

une poignée. Touteffoys là où il y auroit si grande quantité que lesdictz fruictz ou aultres marchandises feussent portées ou con-duictes en charrettes ou tombereaulx, ilz ont droict de prendre et lever par chascune charrette ou tombereaulx *pour lesdictes fricaulderies*, denrées ou marchandises, la somme de quattre deniers tournois. Et oultre disoient lesdicts du chapitre avoir droict de prendre et lever sur chascune personne vendant sel à détail en ladicte ville de Tonnerre une fois la sepmaine tout le sel que ung homme pourroit licitement empoigner la main ouverte (1). Et pour ledict droict de vente, avoient droict de prendre sur les bestes et cuyrs qui se vendoient en ladicte ville de Tonnerre à quelque jour ou heure de la sepmaine que ce soyt, soit à jour de marché et foyre ou aultre, c'est à sçavoir sur chascun cheval ou jument qui s'eschangent huict deniers tour-nois à prendre par moytié sur les eschangeurs, et sur chascun veau, mouton, aigneau, porceau et aussi sur chascun cuyr des bestes masles, comme de veaulx, moutons, chevreaulx, che-vaulx ou aultres bestes masles, ung denier tournois et sur chas-cune vache, brebiz, thore ou aultre beste femelle, une obole tournois. Lequel droict de vente et cuyrs pourtoit amende de soixante solz tournois à prendre sur ceulx qui vendent et eschan-gent lesdictes bestes et cuyrs, qui est modérée par privilége, quant auxdictz habitans de Tonnerre, à la somme de cinq solz, et appartiennent lesdictes amendes au prévost dudict Tonnerre. ·

Et oultre lesdictz droictz disoyent et maintenoyent lesdictz du chappitre avoir et leur appartenir le poix en ladicte ville, au moyen duquel droict n'estoit loysible ni permis à marchant ni aultre, de quelque estat ou condition qu'il soit, avoir ni tenir poix en ladicte ville de Tonnerre pourtant plus de vingt-cinq livres; mais estoient tenuz toutes manières de gens qui ven-

(1) N'est ce pas là le *salage du marché* selon les chartes V. St-Aignan.

doyent aulcunes marchandises ou quelque chose que ce fust excédant ledict nombre de vingt-cinq livres, de les aller porter poiser au poix desdictz du chappitre, pour les droictz duquel les marchans poisant lesdictes marchandises estoyent tenuz payer, pour chascun cent, quatre deniers tournois et au dessuz *prorata*. Et ceulx qui faisoient le contraire estoyent amendables à soixante solz ; quand lesquelz habitans à cinq solz, comme dict est.

Avec ce disoyent lesdictz du chappitre que à eulx et audict curé et non à aultres appartient de dire les messes et faire le service en la confrairye de Saint-Didier (1), et ne les pourroyt le curé ne aultre confraire en ladicte confrairye faire dire ne célébrer à quelques aultres prebstres ou chappellains. Au dedans de laquelle église de Saint-Pierre fors à eulx, audict curé et à ses chappellains et vicaires n'appartient porter suppeliz à quelque heure que ce feust seur la longue lévite. En laquelle église n'estoit loysible ni permis audict curé ne à sondict vicaire dire vespres, matines ni aultres heures canonialles par ledict curé ne aultres, oultre leur grey et volunté. Laquelle messe paroissialle ledict curé estoit tenu dire en hyver à huict heures et en été à sept et icelle dire en manière que la grand'messe du chappitre ni lesdictes heures canonialles ne soyent retardées. Laquelle messe ainsi dicte par ledict curé, ne luy estoit loysible ne à nul aultre desgarnir l'autel de ladicte église, mais le debvoient délaisser en estat pour dire et cellébrer aux propres ornemens que le curé aurait dict la grand'messe paroissialle icelle du chappitre, sans les désunir ne en rien muer ne changer. Et semblablement

----

(1) Cette confrérie avait été fondée en 1377 par le comte Louis de Chalon (Duchesne). La fabrique de Saint-Pierre possède encore les registres renfermant les comptes de cette association, qui avait eu pour origine des actions de grâces pour la délivrance du comte Louis et l'imitation de la confrérie de Langres, dont le roi Jean et le duc de Bourgogne étaient les premiers confrères.

disoyent les dictz du chappitre qu'il n'estoit loysible ni permis audict curé, chappellains, paroissiens ne aultres d'enfermer les livres, calixes, cloches, ni aultres ornemens de ladicte église pour empescher que lesditez du chappitre ne s'en puissent servir et faire le divin service.

Et oultre disoyent iceulx du chapitre que pour raison d'une pièce de prey et d'un moyrger et aultres héritaiges assiz au finage dudict Tonnerre, ledict moyrger dessus la fosse d'Yonne et ledict prey lieu dict la Gueule de Vauceuse, pour raison desquelz droictz lesdictz du chapitre disoyent avoir paisiblement et sans contestation jouy et usé en tel et si longtemps qu'il n'estoit nul moyen de contraire, au vu et sçu desdictz curés, paroissiens et aultres habitants dudict Tonnerre, et desdictz droictz... auroient obtenu diverses sentences et arretz sur l'exécution desquelz s'étoient meuz divers procez... aux quelz iceulx du chappitre avoyent fourny grandes sommes de deniers et consommé leurs biens dont ilz entendoyent estre restituez par les paroissiens dudict Saint-Pierre et aultres manans et habitans dudict Tonnerre.

Sur quoy lesdictz curé, paroissiens dudict Saint-Pierre et aultres habitans dudict Tonnerre, en défendant, disoyent que quelque chose qu'il pleust à dire aux dictz du chapitre, il ne serait jà sceu ne trouvé que lesdictz du chappitre eussent ne à eulx appartinssent lesdictz droitz de fenestrage, estallage, vente, havée, ni levée de sel ni semblable droict de poix, et n'en ont jouy à tout le moins en la forme qu'ilz le disent et quand droit y auroient, ilz l'auroyent perdu par non user. Et supposé que lesdictz droictz de fenestrage et estallage leur appartinssent et qu'ilz en eussent jouy, ou du moins obtenu sentences, ce seroit sur aulcuns particuliers mestiers de ladicte ville, comme sur les bolangiers, cousturiers, cordonniers, merciers et aultres dont ilz auroient jouy et non sur les tonneliers, serruriers, mareschaulx, verriers et plusieurs aultres mestiers dont jamais n'auroyent jouy et qui de ce sont en procez pardevant M. le bailly de Sens. Quand aux droicts de prendre sur les marchands vendant fruictz, lins, etc., ne se trouveroit point que lesdictz du chappitre en eussent jamais jouy, sinon par surprinse et clandestinement... ni que les prévostz de Tonnerre eussent jamais levé aulcunes amendes sur les habitans dudict lieu ni sur les estrangiers fréquentant lesdictes foyres ou marchés... (1) Aussi seroit une chose bien estrange que lesdictz paroissiens feussent tenuz fournir lesdictz du chapitre de chappes a faire leur service, considérant qu'ilz ne les ont fondez et de ce faire ne sont aulcunement tenuz ni obligez. Et au regard des héritaiges pour raison desquelz lesdictz du chappitre maintiennent estre en procès, dysent lesdictz curez et paroissiens qu'ilz entendent que lesdictz héritaiges estoyent du propre de la cure et appartenant au curé d'icelle.

Finablement... lesdictes partyes ont transigé, pacifié et accordé ensemble en la manière qui s'ensuyt, soubz le bon vouloir touttesfoys des Révérends Pères en Dieu monseigneur l'évêque et duc de Langres, par de France, colateur de ladicte cure, Mons. l'abbé de Molesmes, patron d'icelle, et haulte et puissante dame, Mme Françoise de Rohan, comtesse de Tonnerre, comme ayant la garde et administration de messieurs ses enfans, seigneurs dudict Tonnerre, fondateurs des droictz du chappitre, collateurs avec mondict seigneur de Langres, des prébendes dudict Saint-Pierre, et sous telles conditions aussi que toutes les choses cy après se puissent faire et accorder entre lesdictes partyes selon droict et sans par icelles nourrir cryme ou vice de Symonie ou aultres, et qu'elles soyent authorisées et approuvées par ceulx à qui il appartient...

C'est à sçavoir que les dictz du chapitre ont cédé, quité, transporté et délaissé, cèdent, quitent transportent et délaissent ausdictz habitans dudict Tonnerre pour eulx, leurs successeurs et ayant cause, à toujours et sans aulcun rappel, tous les droictz et redebvances qu'ils percevoyent et peuvent prétendre quereller,

(1) Les défendeurs opposent de semblables dénégations aux autres prétentions du chapitre, attribuant les faits invoqués à une pure tolérance.

réclamer ou demander sur lesdictz habitans et aultres marchans
estrangiers à cause desdictz droitz de fenestrage, estallage, levée,
havée de sel et ventes, ensemble ledict droict de poix, avec les
deniers qui pourroyent procéder d'iceulx, desquelz et de chascun
d'iceulx ilz se sont départiz et départent dès à présent pour toujours fors et excepté les jours de foyres de Saint-Jehan, premier
jeudy de Caresme et Saint-Martin, esquelles ilz pourront avoir
et prendre sur tous marchans estrangiers seullement qui ven-
dront ou eschangeront chevaulx... et toutes aultres bestes tant
masles que femelles, excepté chair de laict, desquelz ils lèveront
ledict droict de vente tel qu'il est cy dessus déclaré, duquel droict
ceulx de la ville, tant marchans que aultres, demeureront quittes,
franz et exemptz, en consentant par les dictz du chappitre que
toutes sentences, arrestz, qui pourroyent avoir esté donnez...
tant en matière d'excès que aultrement pour raison dudict droict
seront et demeureront nulz et non advenuz.

Moyennant que lesdictz habitans de Tonnerre consentent et
accordent que, par notre Sainct Père, mondict seigneur de Langres et aultres ayant pouvoir de ce faire, ladicte cure de Saint-
Pierre soyt unie à la table desdictz du chappitre perpétuellement
et que d'icelle cure lesdictz du chappitre en jouyssent et usent et
en perçoyvent tous les fruictz, proffictz, revenuz et émolumentz
ainsi que le curé qui est à présent et ses prédécesseurs en ont
jouy et usé sans que lesdictz habitans ne aulcuns d'eulx le puissent contredire ne supercher.

Et pareillement lesdictz habitans consentent et accordent que
ausdictz du chappitre, la *maladerye* dudict Tonnerre, de laquelle ilz maintiennent les présentation et collation et toutes aultres dispositions d'icelle leur appartenir, leur soyt unye et
annexée, de laquelle ilz disent estre fondateurs, sans en pouvoir
jamais estre ostée ni distraicte ni contrainct en rendre aulcun
compte ausdictz habitans ne aultres; et dès à présent cèdent,
transportent et délaissent lesdictz habitans... le droict, nom, raison, action et poursuitte qu'ils pourroyent réclamer en ladicté

maladerye ainsi qu'elle se comporte tant en maisons, prez, vignes, comme rentes, bois, buissons et génerallement tous les droictz, fruictz et revenuz à icelle appartenans, sans en rien réserver ni retenir en quelque manière ni pour quelque cause que ce soyt.

Lesquelz du chappittre seront tenuz nourrir, gouverner, substanter et alimenter les malades de lèpre natifz de Tonnerre seulement, selon qu'il a esté accoustumé par cy-devant, soubz telle condition toutteffoys que lesdictz du chappittre, après que lesdictz habitans les auront faict jouyr de ladicte maladerye, fruictz et revenuz d'icelle, seront tenuz soubstenir et maintenir les maisons, granges, chappelles et aultres édifices estant de ladicte maladerye et mesmement les maisons qui sont hors le circuit et clôture d'icelle pour le sollicitement, héber et logis des malades estrangiers en bon et suffisant estat et valeur ; et faire dire messe tous les dimanches en ladicte chappelle. Les bois de laquelle, appellez les bois de la maladerye, lesdictz du chappitre pourront essarter et iceulx bailler à cens, rente ou moyson de grain ou aultrement, en disposer à leur plaisir et volonté sens que lesdictz habitans le puissent contredire ni empêcher.

Les parties conviennent ensuite que « sytôt que ladicte union sera faicte, ne se dira plus en ladicte église de Saint-Pierre que une grand'messe » qui, comme les vêpres, sera dite « par ung du chappitre ou par leur vicaire ou chappellain idoyne pour desservir la cure et tenu faire continuelle résidence. » Le concours des chanoines à l'administration des sacrements est réglementé et leur assistance aux offices rémunérée spécialement, tout en indiquant qu'elle devra être à la messe de l'*introït* ou l'*épistre* à l'*agnus Dei*, et à vespres au dedans du premier *gloria* jusqu'au *nunc dimittis*. » La question des offices et celle des ornements sont également réglées, toute difficulté ayant cessé par la réunion de la cure au chapitre.

Et pour ce qui est à faire, lesdictes unyons et authoriser ceste présente transaction est requis le consentement de mondict seigneur de Langres comme prélat, et aussi de M. de Molesmes, Mme la comtesse, maistre Pierre Pinot, *maistre de l'hospital de Notre-Dame des Fontenilles et de ladicte maladerye*, et aussi de frère Thibault Gallois, curé dudict Saint-Pierre, chascun en son regard.

Le chapitre est chargé d'obtenir le consentement de la Cour de Rome, de l'évêque, de l'abbaye de Molesmes et de l'hôpital. Les habitants doivent obtenir celui de la comtesse, et bailler au chapitre cent livres tournois pour l'indemniser des frais qu'occasionneront ses démarches.

A la suite, se trouve le *consentement et ratification* de la comtesse (30 juin 1506) (1), sous la condition que les habitants lui céderont à elle et à ses successeurs, le droit de gros poids (4 deniers) sur les marchandises excédant 25 livres.

V

EGLISE ET DOYENNÉ DE NOTRE-DAME.

Selon Cerveau, l'église de Notre-Dame était primitivement la chapelle de l'Hôtel-Dieu fondé par les habitants de Tonnerre, et placé sous l'invocation de Saint-Jacques le Majeur, patron des pélerins, probablement sur la fin du xie siècle.

Le plus ancien titre que nous trouvions relatif, à cette

---

(1) L'original sur parchemin signé : par commandement de madame la Comtesse, Le Roussin et scellé d'un sceau fruste en cire rouge est aux archives de la ville, qui possèdent également l'original et plusieurs copies de la transaction.

chapelle est postérieur à la concession faite en 1087 à
l'abbaye de Molesmes de toutes celles existant à Tonnerre.
C'est une charte de 1164, d'après laquelle l'évêque de
Langres, l'abbé de Molesmes et l'archidiacre de Tonnerre
décrètent, de l'avis des chapitres de Langres et de
Molesmes, que « la Maison-Dieu de Tonnerre obtiendra à
perpétuité le tiers des oblations que feront à son autel les
paroissiens de Saint-Aignan demeurant hors les murs
depuis la porte Rahault jusqu'à l'Armançon, sauf le droit
de Saint-Aignan. L'église de Molesmes aura perpétuellement et paroissialement le même droit qu'elle possède en
l'église Saint-Pierre. Les moines de Saint-Aignan auront,
dans l'église de la Maison-Dieu, la même part que leur
donnent leurs chartes dans celle de Saint-Pierre. Si la
Maison-Dieu vient à vaquer de prêtre, les moines de
Saint-Aignan en choisiront un pour y demeurer et l'abbé
de Molesmes le présentera au doyen. L'abbé et le prieur
de Saint-Aignan auront sur ce chapelain la même justice
qu'ils ont sur celui de Saint-Pierre et qu'a sur les autres
prêtres l'évêque de Langres. » (Cart. de Molesmes).

C'est ainsi que la chapelle de l'Hôtel-Dieu fut érigée en
succursale de Saint-Aignan, et c'est probablement vers la
même époque qu'elle fut placée sous l'invocation de la
sainte Vierge.

En 1219, l'évêque de Langres approuve l'érection en
chanoines des *frères de l'Hôtel-Dieu*, que venait de faire
la comtesse de Tonnerre. Ceux-ci, en reconnaissance,
font envers lui acte d'obéissance et de sujétion. Février
1223. (Suite au *Cart. de l'Yonne*, 289).

Les moines de Saint-Michel ne tardent pas à se plain-
dre de ce nouveau chapitre, où ils ambitionnaient proba-

blement des prérogatives analogues à celles que leurs frères de Molesmes obtenaient à Saint-Pierre. En 1224, l'évêque Hugues pacifie le différend en accordant à l'abbé de Saint-Michel voix au chapitre et stalle au chœur, comme l'ont les chanoines et frères de Notre-Dame et tous les fruits de la prébende tant des grosses que des menues portions, sans être tenu à la résidence, sous la condition d'assigner au chapitre, pour lui revenir à la mort de l'abbé, comme les autres chanoines, cinquante livres tonnerroises ou une rente de cent sous. Les chanoines s'engagent d'ailleurs à ne rien entreprendre contre les droits de cimetière de Saint-Michel. (Chart. Pithou, I, 286).

La même année (suite au *Cart. de l'Yonne*, 318), les nouveaux chanoines se mettent avec tous leurs biens sous la garde de la comtesse Mathilde. Néanmoins l'évêque accueille favorablement les réclamations tardives de l'abbaye de Molesmes, révoque son autorisation d'établir des chanoines dans la Maison-Dieu et confirme Molesmes dans le droit de présenter le desservant de cette église et d'y percevoir sa part des offrandes paroissiales, 1224-1225 (suite au *Cart. de l'Yonne*, 306-1094).

En 1359 l'église de Notre-Dame fut brûlée par les Anglais. A peine était-elle restaurée qu'elle fut de nouveau ruinée, en 1414, par les Bourguignons. D'après Mutinot, elle aurait été promptement rétablie, et c'est à cette époque que la cure et les fonts baptismaux de Saint-Nicolas, ruinée aussi, y auraient été transférés. Nous avons lieu de croire que c'est ce qui détermina le prieur de Saint-Aignan à céder ses droits paroissiaux au *doyen* de Tonnerre, dont le titre paraît avoir été vers le même temps uni à la cure de Notre-Dame.

Dans les xɪᵉ, xɪɪᵉ et xɪɪɪᵉ siècles, on voit souvent figurer dans les chartes le *Doyen de la chretienté* de Tonnerre, qui paraît avoir rempli communément le rôle de notaire ecclésiastique avec l'official du lieu, et qui existait déjà en 585, sous le règne de Clotaire II. Le décanat semble avoir constitué alors une fonction spéciale, dont l'importance aura vraisemblablement décru avec celle de la juridiction ecclésiastique elle-même.

Quant à l'archiprêtre, que mentionne Grégoire de Tours en 577, nous n'en voyons reparaître à Tonnerre qu'au xvɪᵉ siècle. Au vɪᵉ siècle c'était un chorévêque, au xvɪᵉ, ce n'est plus qu'un doyen rural.

Tout porte à croire que les ruines successives, dont nous venons de parler, atteignirent plus profondément encore l'Hôtel-Dieu que sa chapelle, et que son personnel dispersé ne put se reconstituer. C'est sans doute à ces circonstances que le nouveau doyen-curé dut de pouvoir aisément se faire attribuer l'administration de tout ce qui avait échappé à la destruction. En 1480 nous voyons le cardinal Julien, légat du Saint-Siége, accorder à Guillaume Poussière, recteur de l'église de Notre-Dame de Tonnerre *à laquelle l'hôpital du même nom est perpétuellement uni*, un cimetière où pourront être enterrées les personnes des deux sexes qui l'auront demandé. Ce fut la source de longs procès avec Saint-Michel et l'hôpital des Fontenilles. G. Poussière, qui semble avoir été un homme d'une certaine valeur et avoir joui en son temps d'une assez grande autorité, prend dans une foule d'actes la qualité de doyen et curé de l'église et maître de la Maison-Dieu Notre-Dame. (Arch. de Tonnerre).

D'après Petitjean, « le doyenné était clos avec l'église

Notre-Dame, de portes et murailles, lorsqu'il était avoisiné de pays champêtres (jusqu'au milieu du xvi⁰ siècle). Le doyen et archiprêtre a telle autorité (en 1592) sur les villes et villages sujets à son doyenné, que, par chacun an, le mardi après le second dimanche de Pâques, tous les curés et vicaires des paroisses de son doyenné sont tenus de venir en ladite église Notre-Dame pour assister à la procession et services et recevoir des mains dudit doyen les saintes onctions. Davantage, le premier jour de carême, chacun an, ils sont aussi tenus comparoir en ladite église, avec les nouveaux mariés de leur paroisse, pour semblablement assister aux processions et services, répondre à l'appel, qui se fait pendant l'offertoire, de leurs personnes et qualités, afin de rendre compte au doyen si les nouveaux mariés qu'ils présentent sont légitimement conjoints au sacrement de mariage et si les solemnités accoutumées ont été gardées et observées. » A cette époque les curés ne tenaient pas encore registre d'esmariages.

À partir de l'érection de l'église de Notre-Dame en paroisse, les assemblées des habitants convoqués par les échevins pour délibérer sur les intérêts communs, se tinrent dans cette église, sous la présidence du bailly ou de son lieutenant.

VI

HÔTEL-DIEU NOTRE-DAME.

Ainsi qu'un grand nombre d'autres, l'Hôtel-Dieu de Tonnerre fut fondé au xi⁰ siècle, époque des croisades, par les habitants, pour les pèlerins et pauvres voyageurs passants, qui y étaient nourris, couchés pendant une nuit, et recevaient ensuite cinq sols pour continuer leur route. S'ils étaient malades, ils restaient jusqu'à leur rétablissement. Ils étaient servis par des matrones appelées *nonnains aux poignets blancs*, à cause de leur costume, et, pour le spirituel, assistés de quatre chapelains. Les uns et les autres étaient placés sous l'autorité d'un maître supérieur, auquel était également subordonné un procureur du temporel. (Cerveau).

Les chapelains de l'Hôtel-Dieu ne tardèrent pas à ressentir les effets du privilége exclusif que l'abbaye de Molesmes s'était fait attribuer en 1087 par le comte Guillaume II. (V. Saint-Aignan). En 1164, leur chapelle est érigée en vicariat de Saint-Aignan, sans la participation ni du comte alors régnant, ni des habitants fondateurs de l'Hôtel-Dieu. C'est sans doute cette circonstance non moins que l'exemple de leurs confrères de Saint-Pierre qui les invita à solliciter du comte de Tonnerre leur constitution en chapitre, selon la mode du temps. Nonobstant l'approbation donnée d'abord à cette mesure par l'évêque de Langres (1219), elle fut combattue par l'abbaye de Molesmes qui en obtint le retrait (1224), et nous ignorons le résultat du pourvoi des chanoines supprimés près du Saint-Siége, qui, au dire de Mutinot, se serait fait envoyer les pièces du procès. (Sous le pontificat de Grégoire IX. — V. Notre-Dame).

Selon Cerveau, les curés de Notre-Dame prirent le titre de *Maître de l'Hôtel-Dieu* à partir de 1332. D'après Mutinot, Guillaume Poussière, en 1464, se serait fondé, pour s'intituler *doyen-curé de Notre-Dame, administrateur perpétuel de l'Hôtel-Dieu*, sur une décision de l'évêque de Langres, lui ordonnant de célébrer chaque jour l'office divin en son église paroissiale. Ce que nous savons de

plus certain, c'est que l'Hôtel-Dieu fut brûlé en 1359 par
les Anglais. Cet événement favorisa vraisemblablement
l'union de cet établissement à la cure de Notre-Dame,
qui fut certainement prononcée au titre ecclésiastique,
mais à laquelle les habitants ne paraissent pas avoir
jamais donné leur consentement (1). (Bref du légat Julien,
évêque de Sabine, cardinal de Saint-Pierre-aux-Liens,
février 1480 (Ms. de la Biblioth. de Tonnerre).

Dans l'acte d'assemblée de 1576, le curé Barbette s'in-
titule maître et administrateur de l'hôtel-Dieu, mais
aussitôt les échevins et habitants protestent et font remarquer qu'en tous cas, il n'en remplit pas les devoirs et ne
soulage pas les pauvres passants.

D'autre part, Petitjean accentue la note en 1592, et
Cerveau nous apprend que l'hôtel-Dieu ayant été réduit
en cendres, comme toute la ville, en 1556, l'œuvre
n'était pas rétablie en 1576. Les revenus furent saisis à
la requête du procureur général du roi, en vertu des
lettres des commissaires établis par le roi et son grand
aumônier pour la réformation des hôpitaux et maladreries. Cependant l'année suivante, Edme Barbette obtint
la main-levée de cette saisie et fut remis en possession,
« à la charge que dans trois mois il exercera l'hospitalité
qu'il est tenu de faire, au lieu le plus convenable qu'il

(1) En 1367, l'abbé de Saint-Michel invoqua cette union
devant le bailliage de Sens pour soutenir que le bourg de
Saint-Michel faisant partie de la paroisse de Notre-Dame,
l'Hôtel-Dieu devait être tenu de recevoir les enfants trouvés
ou abandonnés dudit bourg. Il obtint une sentence conforme
qui fut notifiée après la Saint-Pierre à Me Samsot, maître dudit
Hôtel-Dieu. (Mss de la bibl. de Tonnerre.)

pourra trouver en la ville et faubourgs de **Tonnerre et** sur l'avis des échevins et principaux officiers et habitants, et à cette fin fera dresser deux ou trois lits pour recevoir et héberger les pauvres passants, attendant que l'hôtel-Dieu soit rebâti, lorsque ledit Barbette, ayant joui, pour un temps suffisant, du revenu, aura moyen de le faire dans le temps qui lui sera fixé par le juge ordinaire du lieu. » Notons à ce sujet, qu'en une assemblée des habitants de 1564, il avait été « dit que les échevins avec les officiers de messeigneurs les comtes feront échange de la place en laquelle était l'hôtel-Dieu auparavant le feu, à autre place qu'ils aviseront, pour en ladite place faire dresser et bâtir *Maison de ville*, pour resserrer leurs papiers et choses appartenant à la ville et un auditoire pour tenir les plaids, desquels messeigneurs fourniront plans pour l'édification comme sera avisé. »

L'échange ne parait pas avoir été réalisé; mais en suite de l'arrêt de 1577, le doyen Barbette fit faire, à côté de l'église, un bâtiment composé d'une grande chambre basse et obscure, d'une autre chambre et d'une boutique pour le concierge, origine sans doute des masures qui, durant si longtemps, encombrèrent les abords de Notre-Dame. Les pauvres passants furent couchés sur des couchettes garnies de paille et recevaient, le lendemain, les cinq sols traditionnels.

En 1726, le doyen de Notre-Dame profita de la déclaration du roi contre les mendiants pour supprimer de nouveau ce service, et la ville dût lui intenter un nouveau procès, dont l'issue nous est inconnue (1). La révolu-

(1) Les archives de l'Yonne possèdent une liasse de pièces

tion s'est empressée de suivre la tradition, en confisquant la dotation de l'Hôtel-Dieu et en laissant la charge aux habitants.

D'après Pithou, les biens de l'Hôtel-Dieu consistaient principalement dans la métairie de Vauplaine (où le doyen voulait avoir un cimetière), de bons labourages à Saint-Vinnemer et Argenteuil, des prés à Tonnerre, Soulangis, l'Isle-sous-Tronchoy, des rentes, cens, maisons et vignes à Tonnerre, et un four banal à Saint-Michel.

VII

HOPITAL DU SAINT-ESPRIT.

L'hôpital du Saint-Esprit fut fondé au commencement du xiiie siècle, dans le faubourg Bourgberault, par le duc de Bourgogne Eudes III, bisaïeul de la reine Marguerite des Deux-Siciles, comme dépendance de celui qu'il avait érigé à Dijon. Nous ignorons les circonstances qui déterminèrent cet acte et les conditions dans lesquelles il fut accompli, car tous les anciens titres de l'établissement ont disparu. Il n'est pas téméraire toutefois de rapporter la fondation de l'hôpital dont il s'agit, au voyage que le duc de Bourgogne fit à Sens, en 1209, avec le comte Pierre de Courtenay, pour siéger au Parlement réuni par le roi Philippe-Auguste.

L'hôpital du Saint-Esprit avait pour mission, selon

relatives à ce procès contre le curé Riel, le temps nous a manqué pour les consulter. Nous savons cependant, par une note recueillie aux archives de Tonnerre, qu'en 1760, « les revenus de l'Hôtel-Dieu couraient risque d'être perdus, tant par la mort des fermiers que par la mutation annuelle des curés, dont le dernier avait renoncé au titre d'administrateur. »

Courtépée, de secourir les pèlerins, les pauvres et les enfants exposés. Le service en était confié aux religieux de l'ordre du même nom, institué en 1180, à Montpellier, par le comte Guy et approuvé en 1198 par le pape Innocent III. En 1256, le supérieur de l'hôpital de Dijon reçut d'Alexandre IV le titre de *Commandeur*, qu'il conserva depuis lors et que portèrent également plus tard les maîtres des autres maisons.

Les bulles pontificales d'Alexandre IV, en 1256, de Nicolas IV, en 1291, et de Boniface VIII, en 1293, qui confirment l'ordre du Saint-Esprit dans ses possessions et prérogatives, mentionnent expressément la maison de Tonnerre. Celle-ci fut visitée en 1289, par frère Jean Monette, commandeur d'Auray en Bretagne, dont le témoignage fut plus d'une fois invoqué par la suite.

Nous ne savons à peu près rien de l'hôpital du Saint-Esprit durant les deux siècles suivants. En 1500, le maître est frère Thibaut Gallois, curé de Saint-Pierre, qui paraît avoir donné des soins particuliers à l'administration des propriétés de l'établissement. En 1523, un terrier fut dressé à la requête du maître, frère Antoine Delagoutte, et en vertu de lettres-patentes du roi François Ier, pour poursuivre les détenteurs des biens usurpés.

Quoiqu'il ne nous ait pas été donné de le consulter, nous avons quelques données sur les possessions foncières à l'époque dont nous nous occupons particulièrement. L'hôpital du Saint-Esprit avait alors agrandi son enclos du côté de l'occident et acquis des maisons, terres, prés, vignes, jardins, etc., tant à Tonnerre qu'à Junay, Coussegrey, Soulangis, Charru et Petit-Béru, dont le loyer était payé partie en argent, et partie en nature (froment, huile de noix, etc.). Il possédait entr'autres des vignes aux lieux dits : Vaumorillon, Volberg, Pêche-mûre, les Rondeaux, la Corme, louées communément 6 deniers par homme.

Deux maisons, l'une, rue Fontaine-aux-Bœufs, l'autre, proche la porte de la guérite, rapportent annuellement chacune 2 sous 6 deniers. Un jardin, rue Saint-Nicolas, près du pont de bois appelé Mesnot, tenant pardevant à ladite rue, et d'autre part au chemin qui va à la planche du pâtis pour les aisances d'icelle, est loué le même prix.

En 1564, le maître, frère Claude Boulachin, avait loué sa maison aux échevins pour loger les cordeliers de Tanlay, réfugiés à Saint-Nicolas, d'où ils venaient d'être encore expulsés par les huguenots. Ces religieux célébrèrent alors leurs offices dans la chapelle du Saint-Esprit, qui se trouvait protégée par les murailles de Bourgberault, tandis que Saint-Nicolas était hors des murs.

Nous ne savons s'il faut faire remonter à cette époque la mauvaise administration que les annalistes du xviiie siècle attribuent comme habituelle à l'hôpital du Saint-Esprit. S'il pratiquait peut-être médiocrement ses devoirs d'hospitalité, frère Boulachin entendait mieux ses intérêts économiques, et ses doléances à l'assemblée de 1576 étaient certainement fondées. Cependant il n'obtint satisfaction que plus tard, et nous apprenons qu'en 1606, l'hôpital du Saint-Esprit avait dû se pourvoir devant la Cour des aides pour revendiquer l'exemption non plus seulement des décimes, mais de la taille.

En 1672, les hôpitaux du Saint-Esprit furent réunis, par

édit royal, à l'ordre de Saint-Lazare et du mont Carmel, qui supprima le service. Aussi l'ordre du Saint-Esprit obtint-il en 1693, un édit de désunion, grâce auquel frère Antoine Bernard de la Monnoye, (1) pourvu de la commanderie par le maître, de Dijon, se fit réintégrer dans la possession des biens de l'hôpital de Tonnerre, par sentence du bailliage, 1698. Néanmoins, frère Adrien de Biville, l'un de ses successeurs, fut encore obligé de revendiquer les biens usurpés. Il obtint du grand Conseil, le 15 juin 1722, un arrêt le remettant en possession et lui attribuant même ceux de la maladrerie de Saint-Blaise, en vertu de l'édit. Le commandeur de Biville transigea l'année suivante avec les habitants de Tonnerre, sur l'exécution de cet arrêt, tout en continuant à plaider encore durant plusieurs années contre le chapitre de Saint-Pierre, qui revendiquait le bénéfice de la transaction de 1505. Il rétablit l'hospitalité dans une mesure assez restreinte, mais qui excita pourtant un certain intérêt dans la ville, si nous en jugeons par les libéralités que l'hôpital reçut bientôt du curé de Saint-Pierre Ladent, et du bailly Thiesset (Arch. de l'Yonne).

Les bâtiments consistaient alors, selon Cerveau, dans la chapelle où étaient les lits des malades, une cuisine, une chambre, un cabinet, un jardin et une grange édifiée avec les pierres de la chapelle de Saint-Blaise, qui fut démolie à cet effet, à la suite de l'écroulement d'un pan de mur, par suite de vétusté et défaut d'entretien.

(1) Nous n'avons pu découvrir, en consultant les biographies de l'auteur des *Noëls bourguignons,* si c'est à lui qu'échut cette commanderie. Mais rien non plus ne contredit cette hypothèse.

En 1777, l'ordre du Saint-Esprit abandonna aux évêques, moyennant une forte somme d'argent, les biens de ses commanderies, où l'hospitalité tombait en désuétude. Le revenu de celle de Tonnerre était alors d'environ mille livres. Dix ans plus tard, l'évêque de Langres promit d'en doter le collége, que la ville s'occupait de réorganiser, sous la direction des Pères Minimes. Les lettres patentes sollicitées n'étaient point encore obtenues en 1789. Les possessions des uns et des autres furent confisquées révolutionnairement et vendues au profit de l'Etat.

VIII

HOPITAL SAINT-ANTOINE.

L'hôpital Saint-Antoine était au faubourg Bourgberault, séparé de celui du Saint-Esprit par une petite ruelle qui existe encore. Cerveau pense que ce fut le plus ancien de Tonnerre, et cependant, l'époque à laquelle il en fait remonter l'érection, est à peu près contemporaine de celle où paraît avoir été établi l'hôtel-Dieu Notre-Dame.

C'est vraisemblablement à la fin du xıᵉ siècle qu'il faut placer la fondation de l'hôpital Saint-Antoine, qui doit avoir été motivée, de même que l'établissement de l'ordre hospitalier du même nom, en Dauphiné (1070), par les ravages de l'épidémie appelée alors *feu Saint-Antoine* ou *mal des ardents*, et qu'on croit avoir été soit une fièvre charbonneuse, soit une sorte d'érysipèle gangréneux. L'abbé Mathieu la place, vers 1095.

Cet établissement, fort modeste, ne paraît pas avoir beaucoup fait parler de lui. Il n'en est pas fait mention dans le testament du clerc Thomas, qui cependant n'a oublié ni l'Hôtel-Dieu, ni la Maladrerie (1241). Nous voyons, par les doléances de son chapelain, en 1576, que les collecteurs du clergé ne se laissaient pas apitoyer par la modicité de ses ressources plus que par les exemptions de décimes formellement acquises aux hôpitaux. Mais nous ne savons rien de son histoire. Il est probable que ses titres, s'il en possédait encore à cette époque, auront été remis à la commanderie générale de Troyes, à laquelle il fut réuni en 1645.

Il consistait, en dernier lieu, en une petite chapelle fort obscure, une petite maison et un petit jardin vendus à la Révolution.

IX

MALADRERIE.

« La *maladrerie* ou *léperoserie de Saint-Blaise*, était, dit Mutinot une pieuse fondation des habitants de Tonnerre, pour les pauvres malades du pays, affectés de la lèpre. » Cette maladie était d'autant plus fréquente aux xiie et xiiie siècles, qu'on donnait son nom à toutes celles qui y ressemblaient à première vue.

Le premier titre que nous ayons trouvé concernant cet établissement, est un bref du pape Eugène III, écrivant à l'abbé de Saint-Michel, le 12 septembre 1147 : « Par sentiment de piété, les frères lépreux ont construit une église dans la paroisse qui appartient au droit de cimetière de votre monastère. En notre présence, vous avez concédé que cette église fût consacrée et que deux chanoines y fussent établis, un pour les hommes lépreux, un autre pour les femmes. Y seront également ensevelis ceux qui, morts au siècle, auront spécialement adhéré à les servir, à moins qu'ils ne préfèrent être inhumés dans le

cimetière de votre couvent. Les lépreux choisiront un
prêtre (1) qu'ils vous présenteront (ce fut pendant longtemps le maître de la maladrerie), et, à raison de cette
église, ils vous paieront un cens de deux sols de monnaie
tonnerroise. » (Cart. Saint-Michel, A. L.).

Le fonds de la maladrerie, aux archives de la ville, que
nous avons classé et catalogué, renferme un certain nombre de parchemins, dont la plupart sont des xii⁰, xiii⁰,
xiv⁰ et xv⁰ siècles, et concernent le plus souvent des
baux à vie. Nous nous bornons à en relever quelques-
uns (2).

En 1187, la comtesse Mathilde reçoit un accensement
fait aux lépreux par Robert d'Aisy, chevalier.

En 1189, Manassès, évêque de Langres, leur concède,
en vue de pourvoir aux nécessités durant l'interdit, une
aumône volontaire d'une tarte (ou *tourteau de pain bis*,
tortellos), que chaque boulanger de Tonnerre leur donnera à chaque fournée, sous réserve de l'approbation de
l'archevêque de Lyon. Ce prélat confirme la concession
en 1237 (3).

En 1193, une bulle du pape Célestin III interdit à tous
d'exiger ou d'extorquer une dime sur les terres et vignes

(1) Toutefois les habitants revendiquèrent toujours le titre
de fondateurs de la maladrerie et la collation de la maîtrise.

(2) Il serait à désirer que ces chartes fussent jointes aux
manuscrits déposés déjà à la bibliothèque pour faciliter les
recherches historiques.

(3) Le sceau de sa charte est en partie conservé. Il est en cire
jaune, de forme ogivale, comme celui que reproduit M. Quantin à la page 2 du recueil qui fait suite au *Cartulaire de
l'Yonne*, et pendant à parchemin. C'est l'archevêque dans la

que cultivent ou qu'ont achetées les lépreux de **Tonnerre** et leur abandonne les aumônes préparées par les boulangers et bouchers (1) du lieu, en confirmant les lettres de l'évêque de Langres. Néanmoins, le prieur de Saint-Aignan réclama bientôt la dîme pour les vignes de son finage. Le différent fut appaisé en 1214 par une sentence de l'évêque de Langres portant que les lépreux rendront annuellement audit prieur 3 muids de vin en coupes, et que s'ils viennent à acquérir d'autres vignes sur le finage, ils seront tenus d'en payer la dîme (2).

En 1228, Etienne, abbé de Saint-Michel, et Henri, official de Tonnerre, font savoir que Jehan, prêtre, surnommé Combattanz, chanoine de Saint-Pierre, a donné à la *maison des lépreux*, à titre d'aumône, sa maison, sise sur

pose et le costume consacrés. La tête, les pieds et les jambes ont disparu.

Le contre-sceau est mieux conservé, parcequ'il est plus petit. On y voit un homme vêtu d'une robe à larges manches, à genoux, en prière près d'un martyr nu, qui semble pendu par les mains. Nous n'avons pu déchiffrer de l'exergue que ceci :

HOC. FEC.

NE. STATVAS. ILLIS.

(1) Ce fut sans doute l'origine du banquet de tartes que leur donna plus tard la Maladrerie, au dire de Petitjean.

(2) La sentence (suite au C. de l'Yonne 145) énumère ainsi les vignes dîmées : 2 arpents dans la vigne à feu Robelin, 2 dans celle Odéart, 1 dans celle d'Opérier, 1 dans celle de Vaupayen, 3 quartiers dans la vigne Barbedorge, 3 dans celle du chapelain Etienne, 3 aux Rostiens (Rouquins), 3 dans la vigne du Chapelain André, les quartiers Gaaignac, 1 arpent 1/2 au Val-Voutois, 1/2 au Cray, 1/2 en deça de l'église des lépreux, 1 quartier dans la lame.

le ruisseau d'Yone, ainsi qu'une vigne dans le val de Grisey pour l'anniversaire de ses père et mère (1).

Le 27 novembre 1338, au bois de Viviers, Jehanne de Châlons, comtesse de Tonnerre (2), reproduisant une charte de feu son mari, Robert de Bourgogne (de 1334), qui donnait la maladrerie à Parnier ou Peirenet de Baise de Cluigney, *pour le mauvais gouvernement d'icelle par les bourgeois*, confirme la reconnaissance faite par le feu comte, du droit de collation desdits bourgeois et consent à ce qu'ils en usent au profit de son écuyer et maître

(1) V. ci-après le testament du clerc Thomas, en 1241.

(2) Ainsi que cela résulte de plusieurs autres titres des archives de Tonnerre, Jeanne de Châlon posséda le comté et le gouverna d'abord avec son mari, puis seule, de 1321 à 1356. Les actes des tabellions, qui indiquent de qui eux ou les gardes du scel tiennent leurs pouvoirs, nous permettent de rectifier les erreurs de nos historiens sur la dévolution de la seigneurie à cette époque. (V. *Histoire du Comté de Tonnerre*, par M. Challe, p. 106 ; *Histoire de Bourgogne* par Duchesne, 1619, p. 359 ; *Art de vérifier les dates*, 1818, t. XI, p. 262 ; Cart. du comté aux arch. de la Côte-d'Or).

Voici quelle est la chronologie exacte :

Jean de Châlon, sire de Rochefort, qui devint comte d'Auxerre en 1268, par son mariage avec Alix, fille d'Eudes de Bourgogne et de Mahaut de Bourbon, fut le premier du nom dans ce fief. Mais il demeura étranger au comté de Tonnerre, qui appartenait à sa belle-sœur Marguerite, femme de Charles d'Anjou, roi des deux Siciles.

A la mort d'Alix, 1283, son fils Guillaume de Châlon lui succède à Auxerre. Celui-ci devient comte de Tonnerre en 1293, par la cession que lui fait sa tante Marguerite. Il meurt en 1304, laissant deux enfants en bas âge : Jean et Jeanne, sous la garde noble de leur mère Éléonore de Savoie. Celle-ci

d'hôtel, Gauthier de Chasy, qu'ils investissent pour sa vie et sans être tenu de rendre compte.

A dater de cette époque, la maîtrise à vie, avec dispense de rendre compte paraît être devenue habituelle durant quelque temps, mais au siècle suivant, nous voyons les échevins intervenir aux contrats conclus au nom du maître et commandeur de la maladrerie.

Ce dernier titre est pris pour la première fois en 1405, dans un bail à vie du 8 juin, par le vénérable Jean Marquant, prêtre, qui occupait la maîtrise depuis environ 1380, et qui devenait alors en même temps, maître et supérieur de l'hôpital des Fontenilles, en profitant d'une

conserve le gouvernement jusqu'en 1308, époque de son nouveau mariage avec Dreux de Mello. La garde noble de ses enfants passe alors à leur cousin Louis de Flandre et de Nevers. En cette qualité, ce dernier reprend le comté de Tonnerre de l'évêque de Langres pour ses pupilles, le 27 avril 1209, et l'année suivante, prête serment à l'hôpital des Fontenilles au nom de Jean de Châlon, IIᵉ du nom à Auxerre, mais Iᵉʳ à Tonnerre.

En 1321, ce dernier (Jean I), cède le comté de Tonnerre à sa sœur en la mariant à Robert de Bourgogne, et demeure comte d'Auxerre (IIᵉ du nom). Il meurt à Crécy en 1346, ne laissant que le seul comté d'Auxerre à son fils Jean, qui s'y trouve le IIIᵉ de son nom.

Jeanne, sœur de Jean Iᵉʳ, est comtesse de Tonnerre avec son mari Robert, jusqu'en 1331 ou 1333, époque de la mort de celui-ci, et seule ensuite jusqu'à 1356.

A cette époque, un acte souscrit au profit du chapitre de Saint-Pierre (au mois d'octobre) par Pierre de Beaufort, gardien pour le temps de l'hôpital des Fontenilles, nous apprend qu'elle avait cessé d'exister.

Comme elle n'avait point d'enfants, le comté de Tonnerre

bulle du 10 mars 1304, par laquelle le pape Benoit XI autorisait ce dernier à posséder des bénéfices et à en percevoir les fruits tout en résidant à l'hôpital.

Jean Marquant paraît avoir été, peut-être à cause de cela, dépossédé la même année. C'est du moins ce que nous semblent indiquer les lettres de garde adressées le 24 novembre par le lieutenant général du bailly de Sens, à Henry des Bois (1), maître de la maladrerie, qui inter-

revint alors à son neveu Jean II, déjà comte d'Auxerre (où il est IIIᵉ du nom) captif en Angleterre.

Il est probable que son père Jean Iᵉʳ, administra en son absence, car ce n'est qu'en 1361, du vivant de son père, nous dit Duchesne, que Jean II prêta le serment de maintenir les priviléges et franchises de l'hôpital. Jean Iᵉʳ mourut la même année et sa fille Marguerite, femme de Jean de Savoie, revendiqua bientôt une part, à laquelle elle avait d'abord renoncé dans les comtés de Tonnerre et d'Auxerre. Elle perdit son procès sur ce point, et son frère Jean II devint plus tard son héritier.

Celui-ci fut interdit en 1372. Son fils Louis Iᵉʳ de Chalon lui fut donné pour curateur, mais il fut fait prisonnier à peu près en même temps par les Anglais. Durant sa captivité, le garde des sceaux instrumente *de par le roi* et le comté de Tonnerre est gouverné successivement par le chevalier - Gauthier d'Yrouer et par Marguerite, l'aînée des filles du comte interdit, sœur du captif.

Louis Iᵉʳ prit possession en personne du comté de Tonnerre en 1376, trois ans avant la mort de son père.

(1) Cet Henry des Bois est désigné dans une procuration délivrée le 13 juin 1395 par les maître (Jean Marquant), frères et sœurs de l'hôpital, comme honorable, sage et bien-aimé bourgeois chargé avec onze autres de leurs pouvoirs devant le bailliage de Sens pour l'affaire du banvin. (Chartes et titres de Tonnerre, p. 169).

disent de par le roi, de le troubler dans la saisine et possession de ladite maladrerie et de ses dépendances, et ordonnent au premier sergent royal requis de citer les opposants devant le bailly de Sens.

Ces lettres furent notifiées le 27 du même mois, tant au maître Henry des Bois lui-même, à la maladrerie, qu'à l'échevin Aquant, par Petitpas, sergent royal. Peut-être était-ce sur la provocation des échevins.

Le 25 janvier suivant (1406), Henry des Bois, maître de la maladrerie, baille à vie à Droynot, demeurant à Saint-Michel, une pièce de vigne au Cray, contenant l'œuvre à cinq hommes ou environ, moyennant six sols tournois par an. L'acte passé devant Pierre Contesse, tabellion juré commun en la cour de la prévôté, est scellé par Ginot de Greve, garde du scel, et l'on peut encore distinguer sur le contre-sceau vert l'écu bandé de la maison de Châlon.

En 1416, le maître de la maladrerie est maître Jehan Aquenin, bachelier en lois. Le garde-scel, pour hault et puissant prince, monseigneur le duc de Bourgogne, est Emile Gabert. En 1420, la maîtrise est entre les mains de messire Jehan Petraul, curé de Chablis. En 1430, nous en voyons investi « noble et puissant seigneur messire Guillaume de Roichefort, seigneur de Roichefort et Puisset en Beauce, » représenté par son procureur, messire Girard du Pont. Un autre procureur du même maître et commandeur, Guillaume Milon, est assisté, en 1433, des échevins, maître Guillaume Acquant, licencié en lois et bachelier en décret, Huguenin Thibaut, Jehan Milon et Estienne Pinard, pour consentir la résiliation du bail d'une pièce de vigne *contenant à l'œuvre de sept hommes,* au lieu dit Tarte-Mailley, que le locataire se trouvait hors d'état de cultiver, par suite des guerres, et qui est relouée trois sols quatre deniers.

Le 27 mars 1449, les échevins reprennent plus efficacement encore possession de l'administration de la maladrerie dans un acte passé en la galerie Notre-Dame, où comparaissent les habitants ainsi qu'Etiennette, veuve de Jean Taulon, en son vivant maître de ladite Maladrerie. Dans cet acte, qui porte la signature de Jehan Pilon, clerc, notaire juré, et qui fut scellé par Aignan de Laugière, prêtre, maître de l'hôpital Notre-Dame des Fontenilles, garde des sceaux pour noble et puissant seigneur et baron monseigneur Jean de Husson, comte de Tonnerre, les échevins et habitants ont reconnu d'un commun accord avoir conféré ladite maladrerie à Alexandre Taulon, fils d'Etiennette (qui s'en désiste en sa faveur), sa vie durant tant seulement, pour en percevoir par lui et ses commis les droits et profits, rentes, revenus et émoluments, sous les modifications et charges ci-après : de remettre aux mains des échevins, incontinent, les lettres du don de la maladière fait à son père, qui serait annulé ; de faire faire le service divin en la chapelle, ainsi qu'il est accoutumé ; d'administrer soigneusement, en maintenant les nécessités corporelles des pauvres malades ; de faire les vignes de toutes façons dues et en saison, et de les maintenir en bon état, sans les laisser diminuer ni déchoir ; de ne bailler aucune terre à rente d'argent sans le consentement des échevins ; de garder et défendre envers et contre tous les rentes et revenus, sans les laisser diminuer et déchoir, à peine de dépens ; de rendre compte une fois par an aux échevins des recettes qu'il

aura faites ; de laisser visiter par les échevins la maladière
deux fois par an, si bon leur semble, afin qu'ils voient ce
qu'il peut être nécessaire de faire ; de bailler aux échevins en la main, par chacun an, d'ici à dix ans, cent sols
tournois pour employer, selon l'avis desdits échevins, et
de mettre en sa place, pour ce qu'il n'est marié ni résident
à Tonnerre, un facteur et entremetteur des besognes auxquelles il doit pourvoir.

Telle paraît avoir été la situation jusqu'au siècle suivant. Rien, dans les pièces que nous avons sous les yeux,
ne permet de croire à la cession qu'on prétend avoir été
faite par les habitants, à l'hôpital Notre-Dame des Fontenilles, de la maladrerie de Saint-Blaise, en compensation de l'abandon que fit ledit hôpital du droit de 50
livres sur le *festage* que lui assurait la charte de sa fondation. Cependant, rien ne nous prouve non plus qu'une
convention de ce genre, si elle n'a reçu aucune exécution,
en 1388 ni en 1396, époque de l'abandon du droit par
l'hôpital, n'aurait pas eu plus de succès dans les der-
nières années du xve siècle. Ce n'est pas, toutefois, à cette
hypothèse que nous rattachons l'intervention du maître
de l'hôpital, réclamée lors de la transaction de 1505 (voir
ci-dessus), mais plutôt soit aux édits royaux sur la réunion
des maladreries aux hôpitaux, édits dont les comtes de
Tonnerre ont toujours repoussé l'application pour maintenir intacts leurs droits de fondateurs, soit plus probablement encore à une investiture personnelle, donnée au
maître par les échevins et habitants.

Nous donnons, à la suite de la notice de Saint-Pierre,
le texte de cette transaction de 1505, qui fit passer la
maladrerie entre les mains du chapitre.

Voici le procès-verbal de la *visitation* que fit le bailly Pithou des malades qui s'y trouvaient le 14 septembre 1574, en présence de M⁰ Claude Laabbe, prévôt du chapitre, Nicolle Manteau, Claude Pouret, curé, Jehan Garnier et Simon Colin, receveur, tous chanoines de Saint-Pierre :

« Nazare Pernot, natifve dudict Tonnerre, *agée* de quarante cinq ans ou environ. Saine de lèpre et néanmoins ayant provision en ladite maladerie dès le xxiiiᵉ avril mil cinq cent cinquante quatre après Pâques, à raison de xxx livres par an, augmentées à xi l. par provision du xviiᵉ août vᶜlxxii, signée Louuit, laquelle Pernot a dict être femme d'un nommé Etienne Tacheron, malade demeurant à Trichey, *et néanmoins est à présent mariée* (1) en ladite maladerie dès seze ans sus, ainsi qu'elle nous a dict, à Jacques de Coussy dict le Picard, natif de Picardie, sain, duquel elle a trois filles et deux fils qu'ils n'ont aussi apparence de maladie.

« Thiennette Fournery, fille de Jehan, natifve dudict Tonnerre, âgée de xxxv ans, pourvue dès trois ans et demi sus, étant lors mariée à Guyon Offlard de Dannemoyne, qui l'a délaissée peu après qu'elle fut reçue et est encore à présent vivant sain, et néanmoins s'est ladicte Thiennette *remariée* depuis deux ou trois mois en ça à un nommé Clément Boucher sain, natif de la Bellechaume près Saint-Florentin.

« Denis Loubier, natif de Saint-Vinnemer au comté de Tonnerre, âgé de xxx ans ou environ, pourvu depuis deux mois en ça sur ladicte maladerie à raison de quarante livres par an, et a

(1) Ces bigamies, qui ne suggèrent aucune réflexion à Pithou, paraissent avoir été tolérées dans toutes les léproseries. C'était la conséquence de l'exclusion sociale prononcée contre les lépreux. Dès 756, le concile de Compiègne avait admis la nullité du mariage contracté avec les personnes atteintes de lèpre.

épousé une nommée Jehannette Paris, natifve de Freisgnes, de laquelle il a un fils âgé de cinq ans, et laquelle Jehannette aussi malade, ont dict avoir provision sur la maladerie de Cruzy-le-Châtel.

« Estienne Debar, natif de Soulangy, *frère* de l'abbaye de Saint-Martin de Molosmes, âgé de xxxviii ans ou environ, pourvu dès trois ans, depuis chassé pour en mettre un autre natif de Tonnerre et pour son mauvais gouvernement, puis remis à quarante livres par an. Lequel depuis cinq mois en ça dict avoir *épousé* une nommée Jehanne Gerard, fille de Artus, native de Tonnerre, saine de lèpre, qui est de présent avec lui.

« Lequel de Bar ont dict avoir encore provision sur la maladerie de Joigny, et nous ont tous les dessus-dicts autres malades ensemble ledict Colin rapporté que ledit de Bar était fort querelleur, jureur et blasphémant souventes fois le nom de Dieu et menaçant tous les jours et s'efforçant de battre les autres malades et suspect de plusieurs autres vices.

« Et quant à ladicte Nazare Pernot, elle a reconnu qu'elle n'était malade, encore qu'elle eût été visitée par trois fois. Et nous ont les autres malades fait plainte que ladicte Pernot voulait prendre sur leurs provisions six solz huit deniers pour chacun mois, pour ce qu'elle dict avoir poursuivi ladite augmentation de xl livres, qui n'était auparavant que de trente. »

Nous ignorons absolument si cette visite eut quelque résultat. Mais il ne faut pas oublier que les lépreux étaient séparés du reste des hommes juridiquement. Voici ce que Petitjean écrivait en 1592 :

« Quant à la maladerye dudict Tonnerre, la chapelle Saint-Blaise qui y est fondée, avec la grange et manoir d'un mestayer, ensemble les maisonnementz qui sont d'aultre costé du chemyn pour la commodité de la retraite et résidence des paoures malades de lèpre nez en ladicte ville de Tonnerre, ont antienne-

ment esté fondez et construitz par nos antiques et bons prédécesseurs. Lesquelz, pour bailler moyen de nourriture à leurs
concitoyens qui estoient et seroient entachez de ladicte maladie
de lèpre, ont doué et enrichy icelle maladerye de plusieurs beaux
fonds d'heritages, entre lesquelz sont certains climats de pièces
de vignes estant ès environs et contiguz d'icelle avec une mestai-
rie et labourage au lieu de Marcault près Athées et plusieurs
aultres beaux droictz. Les revenuz desquelz estoient régiz et
gouvernez sous le nom desdictz habitans de Tonnerre par un
recepveur qui estoit comptable tant de la recepte desdictz droictz
que en étaz qu'il faisoit des portions congrues auxdictz malades
de lèpre qui estoient renduz, distraictz et recluz... »

Réunie à l'ordre de Saint-Lazare et du Mont Carmel,
par l'édit de 1672, la léproserie fut en 1695, en vertu du
nouvel édit de 1693, attribuée par arrêt du Conseil à
l'hôpital Notre-Dame des Fontenilles et refusée en son
nom par Mme de Louvois, comtesse de Tonnerre, « de
crainte, dit Mutinot, que cet accessoire n'emportât le
principal (1). » Un nouvel arrêt du Conseil l'attribua alors
à la commanderie du Saint-Esprit, qui fit démolir la
chapelle pour en construire une grange dans son hôpital
de Bourgbereault (1725), transigea avec les habitants et
plaida encore longtemps avec le chapitre de Saint-Pierre
au sujet des autres dépendances.

(1) Mme de Louvois avait raison. En proie aux compétitions des *ordres*
plus ou moins favorisés de Saint-Lazare, de Saint-Jean de Jérusalem, du
Saint-Esprit, etc., la plupart des hôpitaux, considérés alors surtout comme
des *bénéfices*, virent leurs titres de fondation méconnus, leurs propriétés
usurpées et disparurent comme ceux de Bourgbereault et la maladrerie de
Tonnerre.

Déclaration du revenu de la comté de Tonnerre baillée aux officiers de la royne mère en décembre 1572 (1).

La comté de Tonnerre et pays Tonnerroys sont assiz en la province de Champaigne, ès confins du duché de Bourgogne, bailliage (royal) de Sens, et consiste en la ville de Tonnerre et ses dépendances, assize en la vallée d'Armanson ; fort beau et bon pais fertille en bleds, bons vins, prez, bois, de très-belles carrières a tirer pierre pour bastir, en laquelle y a troys siéges pour l'exercice de la justice, asscavoir du bailly, prévost et gruyer, garniz d'officiers y establiz par le comte ; et oultre y a ung siége de esleuz et ung grenier à sel pour le roy, qui sont tous les officiers que Sa Majesté faict audict comté et pais Tonnerroys, le comte faisant tous les aultres. Il y a aussy quatre foires en l'an et marché deux foys la semaine. Y est aussy la ripvière d'Armanson entrant en Yonne et Saine, flottant autour de partye des murs dudict Tonnerre, garennes de toutes espèces et bon poisson, par laquelle l'on porte les fruicts et boys à Paris, et le temps passé plus fréquentement que de présent, pour ce que le pays estant peuplé les fruictz y sont à proffict.

Il ne y a troys baronnyes, asscavoir : Creusy et Chaonnes, la Chapelle lez Floigny et la Chatellenye appelée Argenteuil.

En chascune desquelles y a bailly pour le comte, pardevant lequel tous les vassaulx et leurs subjectz sont tenuz relever les appellations de leurs juges (2).

Sur tous lesquelz ledict sieur comte a droict de prétention et concurrence de juridiction et sy a aussy par toute la comté droict de aulbennes, sucession des bastardz, espaues, confiscations,

_____

(1) En perspective, dit Pithou, d'un eschange de la comté des Lauraguais. (*Chart.* Pithou, II, f. 106).

(2) Voir note 2, page 229.

droict de gruerye et grairye et cognoissance des grandz chemins et ripvières par son juge gruyer.

Tous lesdictz vassaulx doibuent proffict audict seigneur comte pour tous changemens fors en ligne directe, mais en ligne collatérale et mariaige de veuves. S'il vient de leur estoc ledict proffict est le revenu de tous biens, et pour vendition, quint et requint selon la coustume de Sens.

Ladicte comté s'estend depuis Vergigny jusques à Quincy-le-Vicomte qui sont quinze grandes lyeues de Bourgogne en long et depuis Noyers jusque à Larrey, qui sont huict lyeues de large.

Toute ladicte comté ressortit par appel des baillilz d'icelle pardevant le bailly de Sens.

Tonnerre est mouvant de l'évesque duc de Langres, per de France, pour laquelle mouvence doibt proffit par changement comme les vassaulx cy-devant, auquel despendent et mouvent en plain fief.

La vicomté de Quincy le Vicomte, appartenant aussi et la ripvière, vallant par communes années de rente .... 800 l.

La terre et la seigneurye de Pacy au sieur de Mandelot .... 2,000 l.

La terre de Quincerot au sr dudict lieu............ 800 l.

La terre et seigneurye de Lezines, de Vireaulx, de Sambouc, au sieur de Mandelot................................. 6000 l.

La terre et seigneurye de Poilly, appartenante au sr de Lus et dudit Poilly, vallant de rente.................... 800 l.

La terre et seigneurye de Vezinnes, audict sr de Vezinnes................................... 1,200

La terre et seigneurye de Fontène Gery, au sr de Vezinnes................................... 500

La terre et seigneurye de Junay, au sr dudict lieu.... 800

Id.   de la Chappelle les Senevoy, aux srs d'Andelot et Chaumont Labryer du Saux................. 1,200 l.

La terre et seigneurye de Bernol, au sr dudict lieu... 500

La terre et seigneurye de Villedieu, au sᵣ dudict lieu. .   200

Le fief de Bailly de l'Estang, au sᵣ de Simbaus.   300

La terre et seigneurye de Roffey, dont la moictié à l'hospital de Tonnerre, et l'autre au sᵣ dudict lieu   400

La terre et seigneurye de Tronchoy, au sᵣ dudict lieu.   500

La seigneurye de l'Isle, au sᵣ dudict lieu.   100

La terre et seigneurye de Vignières, au sᵣ dudict lieu   800

        Id.   de Chamelart, à Mons. de Thorey, acensement dudit Thorey comprins.

La terre et seigneurye de Prusy, acensement dudict Prusy comprins.

Le fief de Montmorantz à Tonnerre.

La terre et seigneurye de Sainte-Vertu, la moictyé au prieur dudit lieu et l'autre moictyé au seigneur comte.

La terre de Chichées, la moictyé audict sᵣ comte et l'aultre an prieur dudict lieu.

Les terres et seigneuryes de Coussegrey, de Cheney, de Tissey, d'Athées, de Chéron, de la Chappe, de l'abbaye de Saint-Michel.

La terre et seigneurye de Vertault, à l'hospital de Tonnerre.

Le fief du mynage de Tonnerre, la moictyé à l'hospital de Tonnerre et l'aultre aux peicardz de Troyes. . . . .   400 l.

Le fief Talme, au sᵣ dudict lieu   100

Le fief du Bailly, aultrement dict le fief aux Damoiselles, au sᵣ d'Irouer. . . . .   100 l.

Le fief de Pontis (ou Pontot) au sᵣ dudict lieu.   200

Le fief de Pommat à l'église Saint-Germain d'Auxerre.   30

La Maison Rouge de l'abbaye Saint-Martin.

Le fief des Bryons, au sᵣ dudict lieu. . . . .   100 s.

Le fief de Larcaye, au sᵣ d'Yrouer . . . .   100 l.

Tous lesquels vassaulx ont haulte justice, moyenne et basse.

La terre d'Espineuil au sᵣ Comte.

Vaullichères, audict sᵣ Comte.

BÉNÉFICES DUDICT TONNERRE.

La collation et donation de l'hospital de Tonnerre ;

La collation des chanoynies de Tonnerre, alternativement avec l'évesque de Langres.

FONDATIONS ET GARDES DE BÉNÉFICES.

Hospital de Tonnerre ; l'abbaye de Saint-Michel ; l'abbaye de Saint-Martin (de Molosmes) ; le prieuré de Dyé ; l'abbaye de la Charité (de Lezinnes) ; le prieuré de Roffey ; le prieuré de Sainte-Vertu ; La maladerye de Tonnerre ; l'abbaye de Moustiers-Saint-Jean ; le prieuré de Saint-Aignan ; le prieuré de Marchesoy ; l'abbaye de Fontenoy ; l'abbaye de Pontigny ; le chapitre de Saint-Pierre.

En tous lesquels le seigneur Comte a la garde, saisye de leurs fruicts et députation de commissaires lorsqu'il advient vacation jusques à ce qu'il y ayt nouveau titulayre.

OFFICES DE TONNERRE.

Cappitaine et gouverneur de la comté.

Le bailly, son lieutenant général et particulier.

Le prévost, son lieutenant général et particulier.

Le gruyer et son lieutenant.

Le procureur du comte.

La création des notaires et tabellions par tout ladicte comté et non aultres (1).

La création des sergents à cheval et à verge à ladicte comté (2).

La créations des sergents de la comté (3).

La création des jaugeurs de vins.

La création de quatre gourmets de vins à Tonnerre et à Épineuil.

---

(1) Il y en avait neuf à Tonnerre et quarante-huit dans le reste du ressort.

(2) Ils y en avait trente-neuf.

(3) Ils étaient au nombre de trois.

L'adjusteur d'adjustages, poix et mesurages.

Le geollier.

Le greffier du bailliage.

Le greffier de la prévosté.

Le greffier de la gruerye.

Les quatre sergents et gardes des boys.

Visiteur du poisson.

Ung juge, procureur et greffier à Saincte-Vertu.

Ung juge, procureur et greffier à Chichées.

BOYS DE TONNERRE.

Les usages dudict lieu et ce qui est adjugé au comte de Tonnerre contiennent xixc arpens moyenne fustaye......,. 1,900 a.

Le buisson d'Arcault, lxxx arpens de taillis.........   80

Le buisson Chevolat, xl arpens de taillis   40

La garenne de Tonnerre contient xiicLX arpens de taillis..................................... 1,260

Qui est en tout iijmijc lxxx en toute justice et greuerye..................................... 3,280

Et les délinquantz en iceulx justicyables par le gruyer.

Comme aussi sont es dits environ xiic arpens adjugez aux habitants dudict Tonnerre pour leurs usages par arrestz.

Lesquels boys appartenant audict sr comte se sont couppés ordinairement suivant le règlement sur ce faict, sçavoir :

Aux usages, lxxxxv (95) arpens par an à vingt années de rejet, à la réservation de xl (40) ballyveaux par chascun arpent ;

A la garenne dudict Tonnerre, cent cinq arpens par an à douze années de rejet et réservation de xxx (30) ballyveaux ;

Les buissons d'Arcault et Chevolat à une foys de huit en huict années destinés à faire garenne.

Esquels boys et usages et garennes y a de belles routes en croix du carefour desquelles se voyt apertement le chasteau de Mosnes, distant de cinq lyeues et y a force bestes fauves de myres.

REVENU DUDICT TONNERRE.

Les rentes et censives dudict Tonnerre et Espineuil.................................... 48 l. 5. s. 2 d.

La rente des Bryons..................... 100 s.

Les bourgeoysies de Tonnerre, qui sont pour
chacun feu de 5 personnes .... 30 l.

Pour les nouveaux maryés............... 92

Les bourgeoysies de Junay à mêmes conditions.................................... 8

Les bourgeoysies d'Espineuil à mêmes conditions.................................... 13 »

La rente de Vaullichères pour le buisson Re-
nard.................................... 11 »

La taille de Chichées.................... 27 »

Le tabellionage de Tonnerre.............. 138 5

Les feux d'Espineuil.................... 9 9

DENIERS MUABLES.

L'herbe de prez......................... 136 l. 5

Les exploitz, deffaultz et amendes.......... 137 »

Le greffe du bailliage et prévosté.......... 500 »

Le greffe de la gruerye................... 10 »

Les noix, noisettes et glandées des usages et
la garenne............................. 10 »

Le ban d'Aoust......................... 43 15

Les amendes de la gruerye 27 10

Les lauds.............................. 50 »

Le droict du gros poids 3 15

Les amendes arbitraires .... 10 »

Le geolage............................. 8 »

Les caves sous la boucherye (1).......... 8 »

(1) Nous croyons, sans en être certain, que ce sont celles que forme
l'ancienne église de Sainte-Catherine, (v. notice par M. Le Maistre) classée

La ripvière	55	»	
Les exploictz, deffautz et amendes d'Espineuil.	76	»	
Le rouaige et jarlage	23	15	
Le landit dudict lieu	7	10	
La ferme des exploictz d'Argenteuil	12	10	

Le greffe dudict lieu *in manu domini*.

Les exploictz de Sainte-Vertu	20	»	
Le greffe dudict lieu	»	25	
Plus les amendes de la gruerye dudict lieu	»	100	
Les exploictz, deffautz et amendes de Chichées	26	5	

Le greffe dudict lieu *in manu domini*.

Les exploictz, deffautz et amendes de Forest Feron	»	6	4 d.
Les laudz dudict lieu	»	7	6

VENTES ORDINAIRES DES BOYS.

La vente ordinaire des lxxxxv arpens des usages	5,500 l. (1) s.	»» d.	
La vente ordinaire des cv arpens de la garenne	1,500	»	»

BLEDZ.

Froment, 90 bichetz, Méteil, 12 bichetz, Segle, 12 bichetz, Orge, 12 bichetz, Aveine, 94 bichetz	600	»	»
Le proffict du fief des choses casuelles	2,000	»	»
Somme du service des vassaulx	8,298	9	2
Directe des vassaulx	8,885	»	»

au nombre des monuments historiques, et dont une grande partie n'appartient pas à la ville.

(1) Nous avons, pour faciliter la lecture, remplacé par des chiffres arabes les chiffres romains du manuscrit. Ici le manuscrit porte CM VC, mais nous avons tout lieu de croire que c'est par suite d'un lapsus que le premier V a pris la forme du C.

CRUSY.

La baronye de Crusy est mouvante du Roy, à cause du chasteau de Chatillon-sur-Senne en Bourgogne (1), et ne doibt aulcun proffict, ainsi est fief de danger

Touteffoys tous les vassaulx de ladicte baronye doibvent proffict à leur seigneur vassal comme cy-devant à Tonnerre.

Sur tous lesquelz ledict seigneur a droict de prévention, concurence de juridiction, droict de gruerye et grairye, congnoissance des grands chemins et des eaux et foretz pardevant son gruyer dudict Crusy, confiscations, aulbeines, espaves et successions de bastardz.

De laquelle baronye despendent plusieurs fiefz, scavoir :

La terre d'Ancy le-Franc, la terre de Cuzy, et la seigneurye de Chassinelles, appartenant à Mons. de Clermont, qui peut valoir de rente nsemble........ .... 6,000 l.

Le fief de la bouverye dudict Ancy-le-Franc, vallant de rente.................................... 20

La terre et seigneurye de Thorey, les terres de Rugny, de Melysé, de Villon (pour la moictyé et l'autre moictye aux chappelains de Maulnes), à Mons. de Thorey, vallant environ de rente .... 6,000 l.

Les terres et seigneuryes de Rochefort, d'Asnières, de Périgny, de Rougemont, d'Aizy soubz Rougemont, de Buffon, à Mons. de Rochefort de Bourgongne, vallant de rente.......... 8,000 l.

La terre de Ravières vallant environ de rente....... 3,000

Le fief de la Chappelayne vallant................ 80

La terre et seigneurye de Nicey...............,. 2,000

Les terres et seigneuryes de Jully, de Stigny, des Granges, le fief du boys du Tronchoy, le fief de Chaonnes, au prieur de Juilly, aliéné de l'abbaye de Molesmes, qui vaut environ de

(1) La baronie de Cruzy était mouvante du duché de Bourgogne, lequel a été réuni à la couronne à la mort de Charles le téméraire.

rente... 6,000 l.

La terre et seigneurye de Sennevoy, au sᵣ dudict lieu vallant .... 1,500 l.

La terre et seigueurye de Gigny, au sieur de Vireau.. 1,200

        Id.   d'Ancy-le-Serveux, au sieur de Nicey.. 2,000

Les terres d'Argentenay, de Coing, à Mons. de Saint-Phalle.. 400

La terre et seigneurye de Saint-Vinnemer, appartenant au sᵣ d'Andelot.. 1,200

Lequel a cinq arrière-fiefz mouvans de luy.
La terre de Quincerot de Quincy-l'Abbaye.
L'abbaye de Quincy.

Le fief de Vauchevallier valant de rente............. 60

Le fief de Roncevault................................ 70

Le fief de Taban.................................... 50

La maison Madame................................... 30

Le fief de la Coste Sainct-Pierre.................... 100

Tous lesquelz seigneurs tiennent leurs terres en toute justice moyenne et basse et ont plusieurs arrière-fiefs dudict sieur Comte qui mouvent d'eulx au nombre de plus de vingt.

L'appellation des juges desdictz vassaulx se doibt relever pardevant le bailly dudict Crusy et par appel d'iceluy devant le bailly de Sens.

BÉNÉFICES DE LADICTE BARONYE QUI SONT EN LA COLLATION DUDICT COMTE.

Le deux chappelles de Maulne, vallant............. 200 l.

La chappelle Sainct-Jehan, au lieu de Crusy........ 30

Les deux chappelles de Sainct-Nicolas de la confrairie de Crusy.. 80 l.

La maladerye dudict Crusy, vallant................. 60

BÉNÉFICES DE LA GARDE DUDICT COMTE A CAUSE DE LADICTE BARONNYE

L'abbaye de Quincy, vallant.................... 4,000 l.
L'abbaye de Rougemont....................... 1,200
Le prioré de Jully 5,000

OFFICIERS DUDICT CRUSY.

Le cappitaine et gouverneur estant pour toute la comté.
Le bailly et ses lieutenans pour tuut ledict comté.
Le prévost.
Ses lieutenans.
Le gruyer est pour tout le comté; son lieutenant, à Crusy.
Son procureur.
Le juge, en garde de Villon.
La création des notaires et tabellions de ladicte baronye (1),
    Id.   des sergents de toute ladicte baronye (2).
La garde des sceaulx de toute la baronye.
Les cinq gardes des boys et forestz de Maulne et boys des Advenières.
Le greffier du bailliage.
    Id.   du prévost.
    Id·   de la gruerye.
Le geolier.
Le concierge de Maulne.
Le mesureur de bled.
Le visiteur de chair.

BOYS DE LADICTE BARONYE.

La forest de Maulne contient environ douze mil arpents, dont six mil quatre cens audict seigneur comte, quatre cens arpens de prez enclos en icelle forest, plus six vingts douze arpens de jeunes

(1) Il y en avait cinquante.
(2) Il y en avait trente-cinq.

chênes mis en réserve mais comprins aux coupes ordinaires, qui peuvent monter environ vingt mille pieds desdictz chênes. Le reste sont à plusieurs villages, abbayes, priorés en usage seulement, subjectz à gruerye, grairye pardevant le gruyer dudict Crusy, et par tous lesquelz aultre que ledict seigneur n'a seulement garde ni chasse ; avec tous lesquelz y a procez avec ledict s^r comte pour réglement.

Le boys des Avenières, autrement les usages de Commissey contient environ quinze cens arpens desquelz il y a les deux tiers adjugez au susdict comte par la chambre des eaulx et forestz dont est appel à la court prest à juger. De laquelle forest de Maulne se couppe pour vente ordinayre huict vingt arpens de haulte fustaye, à la réservation de quarante ballyveaux en chascun arpent et de quarante ans de rejet, pour la distribution desquelz y a quarante ou cinquante villages qu'ilz ne peuvent prendre boys ailleurs.

En ycelle y a un beau chasteau sur une grosse fontaine et une motte un peu eslevée environnée de beaux vallons et contient ladicte motte quatre cens quarante arpens ; à l'entour duquel chasteau y a une belle prairie et beaucoup de bestes fauves à myrer.

REVENU ORDINAIRE DUDICT CRUSY NON MUABLE :

Les censives et rentes dudict Crusy........	60 l.		
Le molin à vent de Crusy..............	»	105 s.	
Id. de Villon..............	»	105	
Les censes de la forest................	»	18	
Les feux de Commissey à ij d. pour feu....	»	17	
Le tabellionage dudict Crusy............	115	»	

DENIERS MUABLES :

Les exploictz deffaulx et amendes de Crusy et du bailliage................................	137 l.	10 s.
Les laudz dudict lieu...................	75	»
Le greffe dudict lieu...................	27	10

Le greffe de la Gruerye...................	8	15
Les corvées...........................	15	»
Le péage.............................	8	15
Les amendes de la gruerye..............	100	»
Les laudz des terres de la forest...........	5	12
Les amendes et réparations des meuneres....	18	15
Les amendes des forains aux usages de Crusy.	6	5
Les prez de la forest de Maulne............	338	»
La glandée de Maulne...................	100	»
Les bourgeoysies en deniers..............	»	101
Les bourgeoysies d'Ancy-le-Franc et Crusy (Cusy?)..............................	»	4
Les bourgeoysies de Chassignelles en argent..	»	3
Id. Jully, Stigny, Les Granges..	»	1
Id. Ancy-le-Serveux..........	»	2
Id. Villon..................	»	4
Les filz (1) d'Arthonnay.................	6	10

La vente ordinayre des huict vingtz arpens de haulte fustaye de la forest de Maulne.......................... 9,000 l.

Les boys rompus et abattus par les vents en ladicte forest, environ,............................. 100 l.

CHOSES CASUELLES :

Les profictz du fief par communes années avec la succession des bastardz, espaves et confiscations.............. 2,000 l.

BLEDZ.

Froment xlviij bischetz, aveine environ vcl, vallant chascunes années ij^c xlvij liv...................... 247 l.

Somme de ladicte baronye de Crusy pour xxx^m cxxx directe des vassaulx................................ 30,130 l.

BARONYE DE CHAONNE.

La baronye de Chaonnes est de franc alleux. Toutteffoys l'éves-

(1) Il faut probablement lire : les feux.

de Chaslon-sur-Saosne maintient qu'elle tient de son evesché, dont y a procez (1).

La terre et seigneurye de Bragelonne, vallant environ   400 l. appartient aux srs dudict lieu.

Cinquante livres de rente inféodées sur ladicte terre, au sieur Canelle..   50 l.

Lesquelles mouvances sont de pareille qualité et profict que les précédentes.

Et sur lesquelles le seigneur féodal a pareil droict de prévention, concurrence de juridiction, droict de gruerye, successions de bastardz et connoissance des grands chemins, espaves, aulbenes et confiscations.

Ladicte terre est affermée, réservées les choses casuelles, à..   525 l.

Les choses casuelles prévûes valent, commune année, environ..   400

     Somme de ladicte terre........................   925

OFFICIERS DUDICT CHAONNES :

Le bailly est de tous les bailliages de la comté ; le lieutenant, le prévost, son lieutenant, le gruyer ; son lieutenant ; greffier du bail-lage, de la prévosté et de la gruerye ; garde des sceaux ; le procureur ; la création des sergents (2) ; la création des notaires et tabellions (3).

Les appellations du bailly ressortissent pardevant le bailly de Sens.

Ne peuvent aulcuns desdictz vassaulx créer aulcuns notaires.

Les habitans dudict lieu ont environ trois cens arpens de beaux usages.

En somme, directe des vassaulx.................   4,000 l.

---

(1) V. *Hist. du Comté de Tonnerre*, p. 44

(2) Il y en avait quatre, qui sont compris dans les chiffres ci-dessus.

(3) Il y en avait huit, qui sont compris dans les chiffres ci-dessus.

LA BARONYE OU CHASTELLENYE DE LA CHAPELLE-LES-FLOSGNY.

La Chapelle est mouvante de l'évesque de Langres. comme Tonnerre. D'icelle despendent plusieurs vassaulx, sçavoir :

La terre et seigneurye de Vergigny, appartenant à l'abbaye de Pontigny, qui doibvent bailler homme vivant et morant pour ledict Vergigny, vallant de rente...................... 800 l.

La terre et seigneurye de Carizé appartenant au seigneur de Nicey et aultres, vallant de rente................. 2,000 l.

La terre et seigneurye de Villiers-Vineux, qui est en procez entre le seigneur comte et les seigneurs de Beaujeu et de Chaulmont, vallant de rente......................... 1,800 l.

La terre et seigneurye de Marolles, pareillement en procès entre ledict seigneur comte et l'abbé de Sainct-Martin, dont y a sentence au proffict dudict seigneur comte et appel par les s^{rs} de Sainct-Martin à la court.

Le fief de Marcez et le fief d'Argenteul, au s^r de Flosgny, vallant..................................... 500 l.

Le fief de Guérichon, environ.................. 60

Le fief de la court Henry de Clermont............ 50

Sur toutes lesquelles terres, ledict comte, à cause de ladicte terre et chappelle a pareilz droictz, proffictz et prééminence comme à Tonnerre et aultres baronnyes et les appellations pardevant le bailly dudict lieu.

GARDE DES BÉNÉFICES.

Des chappelles Guérichon.

D'une chapelle de Vergigny.

OFFICIERS :

Bailly, lieutenant, prevost, lieutenant, gruyer, lieutenant, procureur, garde des sceaulx, greffiers du bailliage, de la prevosté de la gruerye, la création des notaires et tabellions et des sergents (1).

(1) Compris dans le chiffre de ceux du ressort de Tonnerre.

Ladicte terre est affermée.................... 500 l.

Il y a troys cens arpens de taillis desquelz on couppera trente arpens par an au reject de dix ans ; desquelz est déjà couppé deux années qui n'avoient que six ans et se sont venduz trois cens francz la couppe ordinaire et pourront valloir à l'advenir de dix ans.. 500 l.

Les choses casuelles et proffictz du fief, environ.... 400

Somme de ladicte terre.................... 1,400

Les habitans dudict lieu ont six cens arpens de brossailles et usages où ilz font paster leur bestial.

Les appellations du bailly ressortissent devant le bailly de Sens.

Pour v^m ij^c x directe des vassaulx.............. 5,210 l.

CHASTELLENYE D'ARGENTEUL.

La chastellenye d'Argenteul est mouvante de l'évesque de Langres comme Tonnerre et La Chappelle. De laquelle sont mouvant et ressortissent par appel devant le bailly de ladicte chastellenye :

La terre et seigneurye d'Argenteul appartenant au s^r dudict et vallant de rente............................ 5,000 l.

Le fief de Balsé estant audict s^r d'Argenteul.

La justice des terres de l'hôpital de Tonnerre estant audict Argenteul.................................... 300 l.

La terre et seigneurye de Moulins, appartenant au s^r dudict Moulins.

Lesquelles terres sont de pareille qualité et redevances envers ledict seigneur comte comme les aultres précédentes et sur lesquelles ledict seigneur comte a pareils droictz et prééminence. Le revenu de ladicte chastellenye est comprins avec celluy de Tonnerre.

Les proffictz du fief d'icelle peuvent valloir par communes années...................................... 1,100 l.

OFFICIERS DE LADICTE CHASTELLENYE.

Le bailly par tout ladicte comté. Son lieutenant audict lieu. Le greffier.

Le gruyer, son lieutenant. Le greffier de la gruerye.

La création des notaires et tabellions. La création des sergens.

Les vassaulx de ladicte chastellenye relèvent les appellations de leurs juges pardevant le bailly dudict Argenteuil et ont tous haulte justice moyenne et basse.

Somme de toute ladicte comté............ 23,411 l. 1 s. t.

Sçavoir: est le revenu ordinaire.......... 18,711 l. 1 s. »

Les proffictz de fief et choses casuelles.... 4,700 l. » »

La rente des vassaulx de tout ledict comté non comprins les terres d'église, montant à environ.......... 67,725 l. » »

Oultre ce que dessous se peut de beaucoup augmenter ledict comté par chascune baronnye.

TONNERRE.

Le sieur comte de Tonnerre a obtenu arrest contre les habitans dudict Tonnerre par lequel luy feust adjugé les deux tiers des usages (1) avec tous les savartz et terres labourables qui soulloient estre en boys et aultres essartées pour planter des vignes qui sont en grande quantité, qui pourroient à l'advenir valloir beaucoup audict seigneur soyt que les mist en ses mains ou les baillast à cens et rente, ayant faict exécuter ledict arrest qui, pour cet esgard, reste à exécuter.

Le prieur de Saincte-Vertu a couppé et couppe ordinairement des boys de haulte fustaye d'environ troys cens arpens qui restoient, ce qu'il ne peut faire sans permission et payer audict seigueur comte le quint denier, dont ledict prieur est responsable

(1) L'autre tiers est l'origine des bois de la ville et des frichès qui les avoisinent.

eomme estant de la haulte justice, gruerye et grairye dudict comte.

Les habitans dudict lieu ont essarté cinq ou six cens arpens de boys qui les pourra faire.

Les boys de l'abbaye de Pontigny sont de la gruerye et grairye dudict Tonnerre. Desquelz ilz ne peuvent coupper sans permission et payer le proffict audict seigneur comte. Mais le feu cardinal du Bellay et son successeur en ont couppé pour plus de soixante mille francs dont leurs héritiers en seront responsables, estant ladicte abbaye de la fondation de ladicte dame ou ses prédécesseurs comme appert par tiltres et y a ledict sr comte très grand interest tant pour sa chasse, garde, que gruerye et y a arrest contre eulx par lequel est adjugé audict sieur comte ung climat à part. propriété.

Audict seigneur comte appartient toute la justice de Chichée et le prieur dudict lieu en prend la moictyé dont y a procès.

Audict lieu de Tonnerre ung viel chasteau appellé Montbelliac, qui est ruyné (1), en tous les circuys duquel, voyre jusques où souloit estre le donjon y a des vignes plantées appartenant à plusieurs particuliers, sans qu'ilz en ayent aulcuns tiltres.

Depuis quelque temps, les religieux, abbé et couvent de Sainct-Martin ont érigé ung bailliage à Molosmes pour les terres de leur abbaye, auquel ont joinct les villages de Commissey et Solangy, qui auparavant ressortissoient par appel pardevant le bailly de Tonnerre et dont il y a tiltres.

Semblablement souloyt faire la ville et habitans de Dyé, qui maintenant vont de leur juge à Sens.

Antiennement et de mémoyres d'hommes y avoit audict Tonnerre ung président qui cognoissoit des appellations du bailly et s'appeloit la baronnye de Tonnerre.

Aussy de tout temps y avoit eu un prévost pour toutes les ba-

(1) En 1414.

ronnyes et chastellenyes dudict comté jusques à l'ordonnance de
Sa Majesté pour oster ung degré de juridiction (1). Alors le feu seigneur, duc d'Uzais osta le bailly. Maintenant se peut remettre
ledict juge de prévosté, comme l'on a faict en plusieurs aultres
lieux desquelz ilz avoient esté ostez.

Le prévost des mareschaulx de Sens prent pour ses gages huict
cens livres par an sur la recepte de l'élection dudict Tonnerre,
sans qu'il aille audict pays Tonnerroys synon une fois l'an allant
quérir son argent, par quoy l'on le peut contraindre y mettre ung
lieutenant ou qu'il y soit pourveu d'ung prevost audict pays (2).

Au travers duquel passe une belle ripvière nommée Armanson
qui dessend en la ripvière d'Yonne huict lyeues plus bas que
ledict Tonnerre, sur laquelle naguères se charroyoient les vins du
Tonnerroys à Paris deux et troys saisons de l'année. Maintenant
estant telle navigation discontinue (3), le charroy des vins couste
quatre foys aultant par terre. Et se pourroit nettoyer ladicte ripvière
aux dépens du pays, qui est fort peuplé de beaux villages esquelz
y a force vins, qui seroyt une très grande commodité et rendroit
ladicte ville de Tonnerre plus marchande pour la facilité du port
des marchandises de Paris, et seroit une fort grande augmentation audict sieur comte pour la vente et distribution des boys de
son comté.

Est à noter que à l'advenir le boys y sera plus cher d'ung tiers
voyre de la moictié, tant pour ce que les seigneurs voysins avoient
de petiz buissons qu'ilz ont venduz et ne demeure plus aultre boys

(1) De Charles IX, mars 1553.
(2) V. les doléances des habitants à ce sujet.
(3) Il existe aux archives de la ville un mémoire non signé, adressé un
siècle plus tard à l'Intendant de la généralité de Paris sur le même sujet.
L'auteur s'est certainement inspiré de ces idées de P. Pithou, qu'il espé-
rait faire partager à Colbert.
Le 4 novembre 1578, Henri III donna des lettres-patentes pour la navigation de l'Armançon (Cerveau).

que ladicte forest de Maulne, de laquelle seront contrainctz les villages jusques à Troyes voyre Troyes mesme se chauffer, comme les usages estant reglez ou prins seront contrainctz d'achepter; comme l'on n'a jamais veu le peuple des villages si pauvres d'argent (1) les guerres du temps passé, durant les mauvais temps l'on a vendu ce que dict est et en temps de paix se... (1).

En la baronnye de Crusy y avoit antiennement et encore à présent quelques usages bourgeoys de giste dudict Cruzy, qui estoit ung fort beau droict, qui lors vallait seize à dix huict cens bichetz d'avenne et quatre-vingtz à cens livres en argent. Le droict estoit acquis pour ce que les subjetz des vassaulx estoient mainmortables, pour l'exemption de quoy venoient le jour de leurs nopces au giste à Crusy et se déclaraient bourgeoys dudict sieur comte et payoient deux bichetz avenne pour chascun cheval et à ce moyen leur seigneur ne les pouvoit treicter par devant aultre juge que celluy dudict Cruzy (2) Maintenant les seigneurs vassaulx se sont acordez avec eulx tellement que ne se faict plus aulcuns nouveaux bourgeoys. L'on doubte que lesdictz seigneurs l'ayent peu faire au préjudice du féodal, et est d'intérest audict seigneur comte de plus de six cens livres de rente. Pour raison d'aultres bourgeoysies y a procès entre mondit sᵣ le comte et les habitans de Stigny, qui doibvent par chascune beste trayant deux bichetz d'avenne et deux solz dont y a tittre, ne reste que à poursuyvre qui seroit d'augmentation de rente........................   200 l.

Ma dicte dame d'Uzès a obtenu arrest contre les habitants d'Arthonnay, Niccy, Channes et Villiers les Moyennes pour le règlement de leurs boys. Il furent appelans de l'exécution d'arrest, pendant la discussion duquel plus grande partye ont tellement discipé et dégradé les parts à eulx adjugées, voyres celles adjugées à la dicte dame, qui sont privables de leurs usages qui viendront grande augmentation de plus de mil arpens.

(1) Lacune dans le manuscrit.
(2) V. *Hist. du Comté*, p. 71, 136.

Comme pourraient estre beaucoup d'aultres usages pour les
meslés et de ce y a procès contre les religieux, abbé et couvent
de Molosmes, les habitans de Cruzy, Villon, Rugny, Baon, Pymelles
et Vertault, desquelz par le règlement est faict estat de deux mille
arpens qui se pourront obtenir ; mais veu les meslés y en aura
bien davantage veu les arrestz donnez pour telles causes contre les
aultres dessusdictz.

Au dedans de la garenne de Maulne, mesme en la vue et figure
faicte avec lesdictz habitants (1), y a très grande quantité de
terres qui ont esté depuis quarante à cinquante ans défrichées
et mises en labour, qui seront adjugées à la dicte dame, desquelles
en viendra ung très grand proffict et augmentation.

Des sieurs d'Andelot appartient ung boys appellé Paisson et ung
aultre Vaulineuse, contenant les deux environ quinze cens arpens,
qui sont en la forest et garenne dudict Maulnes, subjetz à greuerye
et grairye qui en porte proffict s'ils les vendent.

Comme faict ung aultre boys appellé Pierre Ancy, contenant
environ quatre cens cinquante arpens, qui appartient à l'abbé de
Saint-Michel, lequel n'en peut disposer sans le consentement de
ladicte dame.

Les aultres vassaulx ont grande quantité de boys dont ils font
couppes ordinaires, desquelz ma dicte dame prétend avoir proffict
à cause de sa dicte gruerye et grairye qui est de très grande importance et proffict.

Pour facilité et augmentation du prix des ventes ordinaires, il y
a moyen de faire une forge de fer sur la ripvière de Leignes au
lieu de Villedieu ou Vertault, distant de ladicte forest d'une lyeue
pour le charroy du charbon et d'une petite lyeue du lieu où est la
mine, qui pourrait consumer six cens arpens de boys par an, qui
seroit cause de mieux vendre le reste, ou augmenter la quantité
des ventes ordinaires sur ce que l'on pourroit obtenir contre les
usagiers, dont l'on est en propos avec des marchands de Bour-

(1) Réglement de 1570 (Chart. Pithou, I, fᵒ 25 et suiv.)

guongne pour y faire ladicte forge sans qu'il en couste rien audict seigneur comte.

En ladicte forest de Maulne y a ung grand vallon contenant demye lieue, au bout duquel y a ung estang venant de Fontayne, dont la chaussée se peut refaire pour cens francs, ledict vallon entre les usages de Cruzy, Villon et Rugny peut faire une belle prairye, audict estang ung molin qui pourrait valloir par an de rente... 300 l.

Le seigneur comte avait exécution de la haulte justice dudict Nicey, que maintient le seigneur dudict Nicey avoir la part dudict seigneur et en jouist ; mais se trouvera que le tiltre du droict qu'il prétend estre dudict seigneur comte est seulement signé de Millon, lors greffier dudict comte, par commandement comme il dict dudict seigneur comte, mais il n'en appert rien. Par ce moyen, ledict seigneur comte le pourra.

CHAONNES.

De la baronnye de Chaonnes despendoient et mouvoyent en plain fief les terres et seigneuryes de Rissey, Baigneux et Beauvoir d'Arban, comme se peut prouver par tesmoings et tiltres, appartenant lesdictes terres et seigneuryes au seigneur de Rissey. Touteffoys, pendant l'absence et minorité des comtes, ledict sr de Rissey a érigé ung bailliage audict Baigneux, se distrayant de la justice dudict Chaonnes où tous ses subjectz desdictes terres souloient relever toutes les appellations de leurs juges ; dont y a procès avec l'évesque de Chaslons qui se peut facilement terminer, désirant le seigneur de Rissey reprandre et mouvoir plus tost du comte de Tonnerre que dudict sieur évesque.

Vallant de rente ladite terre plus de .... 6,000 l.

LA CHAPPELLE.

De la baronnye de la Chappelle, la terre et seigneurye de Villiers-Vineux, belle terre venue d'ung bastard de Loys, la ligne duquel est faillye, partant appartient aucdict sieur Comte comme

successeur d'iceluy bastard, pour raison de quoy y a procès ins-
truict et prest à juger à la court de parlement, à quoy ledict sieur
comte trouve debvoir obtenir qui ne pourroit estre moing de
ce qui estoit en l'estat du bastard de mille livres de
rente. . . . . 1,000 l.

Aussy y a procès en la court prest à juger pour raison de la
terre de Marolles que ledict sieur comte prétend lui appartenir
remboursant l'abbé de Saint-Martin de huict cens livres pour une
fois, comme est porté par sentence du bailly de Sens rendue au
proffict dudict s^r Comte dont est appel à la court, qui est de très
haulte importance à cause d'ung arrest donné au proffict dudict
abbé comme hault justicier contre les habitans dudict lieu, par
lequel luy est adjugé une grande quantité de terres partye en brossailles et partye vuyde que l'on peut aisément remettre en boys,
qui est fort requis audict lieu ou terres labourables qui ne
seroit de moindre valleur de huict cens à mille livres
de rente . . . . 1,000 l.

La vicomté de Ligny-le-Chastel estoit du comté de Tonnerre, de
laquelle dépendent de beaux fiefz et villaiges comme Varennes,
Méré le Serveux et aultres et vaut ladicte terre plus de quatre
mille livres de rente . . . . 4,000 l.

Elle fut baillée en apanage à une dame de Chaslons (1).

La baronnye de Leygnes estoit aussi dudict comté, de laquelle
deppendent les terres de Griselles, Pothières, Noyron, Commeville,
Vis et aultres fiefz, et relèvent les appellations de leurs juges par
devant le bailly de Legnes. Elle fut baillée au s^r Comte de Clermont, sieur d'Ancy-le Franc, avec ledict Ancy-le-Franc pour son
partage (2) et est mouvante du Roy à cause de son chasteau de
Chastillon sur Seine comme Crusy.

Ladicte baronnye est en ung fort beau et bon pays et grande
quantité de boys appartenant audict sieur de Clermont.

(1) V. *Hist. du Comté*, p. 132.
(2) V. *Hist. du Comté de Tonnerre*, p. 147.

CHARGES ET GAGES ORDINAIRES.

Le cappitayne, deux cens livres, outre lesquelles prend des marchantz pour la marque des ballyveaux aux ventes ordinaires... 200 l.

Au bailly 30

A son lieutenant général 10

      Id.   particulier.................... »

Au prévost....................................... 10

A son lieutenant............................... 100

Au gruyer...................................... 10

A son lieutenant............................... 100

Aux deux gardes des boys, six vingt livres........ 240

A chascun d'eux.............................. 60

Pour les arpentages des ventes ordinaires et publications.................................... 120

Est ordonnée au cappitayne et gardes soixante cordes de boys par terre pour leurs chauffages.

Au consierge du chasteau de Maulne pour garder les meubles.. 20 l.

Au procureur................................. 100

A l'avocat de Sens............................ 10

Au procureur de Sens......................... 100 s.

          Somme.......... 785 l.

Nomination du recteur des écoles de Tonnerre,
le 30 avril 1577.

Nous soubsignez, doyen, curés et recteurs des églises paroissiales de Nostre-Dame et monastère de Sainct-Pierre de Tonnerre, officiers de messeigneurs et dame comte et comtesse et eschevins de la ville dudict Tonnerre, avons nommé et présenté et par ces présentes nommons et présentons à mess. le chantre en l'église cathédrale Saint-Mammés de Langres, M⁰ Françoys Le

Tort, licencié ès-lois pour être pourveu de la régence des escoles dudict Tonnerre, aux droictz, honneurs et profitz qui sont deus et aux gages qui lui seront accordez par nous lesdictz eschevins, à la charge qu'il entretiendra soubz et avec luy deux subalternes, l'ung desquels sera suffisant pour instruire la jeunesse en la grammaire et l'aultre en l'art de lire et escrire, et tant qu'il nous plaira et aux habitants de la dicte ville.

Faict audict Tonnerre, le dernier jour d'april, l'an mil vc soixante et dix-sept. Signé : P. Pithou (1), P. Thureau (2), Richardot (3), Cerveau (3), Barbette (4), et Porret (5).

Le vingtiesme jour de juillet audict an a esté accordé audict Me Letort pour ses gages ordinaires pour chascun an, à commencer le premier jour du présent moys, la somme de soixante livres tournois, et, pendant qu'il fera le service, demeurera exempt de tailles et garde des portes et du guet.

Signé : Jazu, Soupplette, Girardin, Parisot, Gilles et Bazard.

Suit une quittance de Me Letort.   (Arch. de la ville).

Avant cette nomination, trois délibérations ne l'assemblée des habitans sont mentionnées par Pithou en ces termes :

18 août 1566. Le Recteur des escoles aura xij escus par an, payables chaque moys par le recepveur de la ville, et pour chacun enfant par moys prendra ij solz et sera pourveu de maison. Les risches payeront le loyage.

12 octobre 1570. Les eschevins mandent le recteur des escoles de Vaucrausse et lui assignent 2 livres de gages pour sa chambre. Pour ses escoliers ilz payeront.

24 juin 1571. Le bail de la tour près la poterne de Saint-Pierre

(1) Bailly.
(2) Lieutenant général du baillage.
(3) Procureurs fiscaux au baillage.
(4) Doyen curé de N.-D.
(5) Curé de Saint-Pierre.

sera résilié et la muraille eslargie pour y faire un collége sur les deniers de l'octroi.

En outre la ville acquit en 1576, à rente et cens du chapitre de Saint-Pierre, une maison qui lui avait été donnée en 1545 par Didier Thomassin.

En 1573, Pierre Thomas est désigné comme maître des écoles aux comptes de l'hopital.

Testament de Thomas, clerc de Tonnerre (août 1241) (1).

Moi Thomas de Tonnerre, clerc, sain d'esprit, voulant pourvoir au salut de mon âme, j'ai rédigé ainsi qu'il suit l'acte de ma dernière volonté ou testament :

Je lègue au curé de Notre-Dame de Tonnerre cent sous, et à chacun de ses vicaires (quatre) dix sous ; à la fabrique de Notre-Dame quarante sous, et au chapitre de Tonnerre vingt sous pour mes obsèques quand je mourrai ; à la fabrique de l'église de Saint-Pierre vingt sous et dix sous au curé de cette église ; à chacun de ses vicaires deux sous ; à l'hopital de Notre-Dame cinquante-deux sous, soit douze deniers par semaine pendant un an pour la pitance des pauvres ; aux pauvres du Saint-Esprit de Tonnerre dix sous pour pitance ; à chacun des prêtres frères de la maison des Lépreux de Tonnerre dix sous ; au couvent de Saint-Michel, à celui de Molosmes vingt sous, à celui de Quincy quarante sous, aussi pour pitance ; à chacune des œuvres de Saint-Aignan et de Saint-Nicolas dix sous ; et trois sous aux œuvres du reclus (Saint-Micomer).

(1) Ce testament est publié en latin dans la suite au *Cartulaire de l'Yonne*, p. 214. Nous en donnons la traduction qui nous paraît présenter quelque intérêt au point de vue de l'histoire locale. Les legs en argent montent en tout à 232 livres d'une part et 1582 sous de l'autre. Des titres comtemporains nous apprennent que cinq sols représentaient à cette époque le prix d'un setier de froment.

Item à la fabrique de l'église de Serrigny et de Tissey dix livres pour acheter des possessions ou rentes pour moitié à Serrigny et moitié à Tissey ; à la fabrique de Soulangis vingt sous ; à Théobald clerc diacre vingt sous ; à la fabrique de Lézinnes cinq **sous** et autant au pont de Lézinnes ; à la fabrique de l'église de Melisey dix sous ; à chacune des fabriques d'église de Saint-Vinnemer, Tanlay, Commissey, Molosmes, Saint-Martin, Épineuil, Dannemoine, Roffey, Vezinnes et Junay cinq sous ; et soixante sous pour acheter des souliers et douze livres pour acheter des burettes… **à tout** prêtre présent à mes obsèques deux sous si je ne lui ai point fait de legs particulier ; aux pauvres écoliers de Tonnerre dix sous en pain ; à Pierre de Vezannes vingt sous et un pied de terre du jardin au-delà des saules ; à la fille abandonnée de Jean Quitant vingt sous pour se marier et un coffre ; à Clément, clerc, cent sous ; à Sagin, fils de Christophe tisserand, dix sous ; à la fille du forgeron Labaicor vingt sous et un coffre.

Item au chapitre de Tonnerre cent sous pour acheter cinq sous de rente destinés à faire mon anniversaire et autant pour l'anniversaire de ladite Ruelle ; à l'église de Notre-Dame cent sous pour acheter des rentes pour mon anniversaire ; à Thomassin, charpentier, trois sous ; aux ponts de Tonnerre cinq sous ; aux quarante lépreux les plus rapprochés de Tonnerre quarante sous ; aux Filles-Dieu cinq sous ; à Guidon, clerc, mon cousin quarante sous ; Thomas de Colan quarante sous ; à Geoffroy de Castre et à ses associés en dîme cent sous ; à mes seigneurs de Fontenay deux cents livres de ma tenure à savoir : ma grange des Fontenilles avec le verger en-deça, mes vignes des Poches, de Cornoaille et des Hauts de Champboudou. J'assigne ces quatre pièces au paiement dessus dit.

Je lègue en outre à mes seigneurs ma maison des Fontenilles, sise sur la fontaine (1), avec la grange de l'autre côté de la fontaine,

(1) C'est probablement l'origine de la propriété que l'abbaye de Fontenay possédait au faubourg de Rougemont, selon nos annalistes du XVIIIᵉ siècle,

et ma vigne de Champboudon dite du Chevalier. Pour l'augmentation de la fondation de messe faite par ladicte Marie Ruelle, ma
belle-mère (marâtre), dans la maison des lépreux de Tonnerre, je
lègue ma vigne sous ladicte maison et ma vigne au Cray, à condition que ceux qui servent Dieu dans cette maison les cultivent ou
fassent cultiver et en recueillent les fruits pendant la durée de
l'amodiation consentie au prêtre Geoffroy Cambitor, passé lequel
temps, ces vignes retourneront à l'accroissement de la fondation
susdite. En cas de contestation sur ce point, j'entends que tout ce
don soit non avenu et que les susdictes vignes retournent à ma
mère ou à mes amis s'ils sont plus proches.

Je veux que le pressoir construit par moi dans la maison du
maître des lépreux Christophe soit vendu, et que le prix vienne
accroître la fondation susdite.

Item je lègue à Emeniarde dicte Capet deux chambres que j'ai
construites sur la place achetée 40 sous de Martin dict Lou Borne
et de sa femme, avec le jardin. Je lègue à Anselme, fille de Bertrand, pour se marier, ma vigne des plantes près de Serrigny, avec
le vin ; à Théobald, fils de Dominique, ma vigne au Val du Seigneur, et à Geoffroy, jadis prévot de Serrigny, six livres en sus
des trois que je lui dois.

Item, comme j'ai édifié une grange sur la place de Milon Strabon,
de son consentement et de celui de ses enfants, sous les conditions
énoncées aux lettres du doyen, laquelle place est appelée le Petit
Pré, je veux qu'après avoir prélevé sur cette grange ce qui est
indiqué ci-dessus, le surplus de ma libéralité envers eux soit
observé.

J'entends que s'il se trouve que je possède induement la chose
d'autrui, elle lui soit restituée sur la preuve qu'il en donnera, foi
devant être aisément accordée à ses témoins.

Je donne à ma mère tout ce qui restera de mes meubles après
l'acquittement de mes dettes et legs. Elle m'a d'ailleurs promis, en
présence du religieux abbé Roger et d'hommes de bien, de sup-

pléer avec ce qui lui appartient à l'insuffisance de mon avoir pour payer mes dettes et legs s'il y a lieu.

Item je lègue à Jean, clerc du doyen, 20 sous et 40 à Pierre dit Ponce, clerc.

Afin d'assurer l'effet de ce qui précède, je constitue pour mes exécuteurs testamentaires vénérable homme Hugues, doyen de Tonnerre, Milon, curé de Notre-Dame et ma mère, entre les mains de qui je remets tous mes biens jusqu'à complet accomplissement. Et pour rendre ferme et stable le présent écrit, j'ai demandé qu'il fût scellé par le seigneur abbé Roger, ainsi que par mes exécuteurs testamentaires.

Fait en l'an du Seigneur mil deux cent quarante et unième au mois d'août.

41

www.ingramcontent.com/pod-product-compliance
Lightning Source LLC
Chambersburg PA
CBHW052042270326
41931CB00012B/2591